独学で身につく
文字起こしスキルアップ 問題集

廿 里美 著

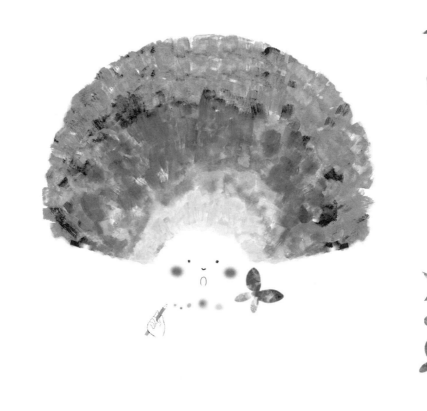

目次

しない／決まりを知った上で、連絡して別の表記を使う／JIS表記と公用文表記／『用字例』改訂の方向性／「小学生でも読めるのに」というクレーム／「ことし」が「今年」に変わった／表記の練習問題／「ところどころ」と「所々」は2対1／表記の統一が必要な案件／トーク内容を表記する場合の基本的な方針とは／統一するほうが作業はスピーディー／今は民間の案件にちょうどいいテキストがない

表紙デザイン　天野 勢津子（あまちゃ工房）

本文イラスト　大久保 明子

教材ファイルダウンロードのご案内

本書専用の教材ファイルをダウンロードして使用することができます。

教材ファイルは、下記の方法でダウンロードしてお使いください。

①**株式会社エフスタイルのウェブサイト**（https://www.fstyle-ltd.jp/）で
「**教材ダウンロードはこちらから**」をクリック

②開かれたページで、本書『スキルアップ問題集』の表紙画像をクリック

③パスワードを入力するウィンドウが開く。次の文字列を入力して「確定」
をクリック

    パスワード　**695724**

    ※パスワードは、全て半角数字で入力してください。「パスワード」という文字を入力する
　　　必要はありません。数字の前や後ろにスペース記号を入力しないようご注意ください。

④ファイルをダウンロードするためのページが開く

⑤ダウンロードボタンをクリック

⑥自分のパソコンに保存されたファイル「skillup.zip」を
右クリックして「すべて展開」を選択（ダブルクリックしない）
　　　※何らかの圧縮・解凍ソフトがインストールされている場合、操作はこれと異なることが
　　　あります。

展開すると7個のフォルダーが表示され、それぞれのフォルダー内にファイルが収録されています（表示されるアイコンの形は下記と異なることがあります）。

フォルダー「1」は本書の第1章、フォルダー「2」は第2章（以下同様）のファイルが収録されている。
「sonota」にはその他のファイルが収録されている。

教材ファイルをダウンロード可能な期間：奥付に記載の発行年月から2年間

※実際にはもう少し長い期間、ダウンロード可能です。株式会社エフスタイルのウェブサイトから上記①〜⑤をお試しください。

※一時的なサーバーのエラーでダウンロードできないことがあります。数日待ってから再度お試しいただき、それでも無理な場合はウェブサイトのお問い合わせからご連絡ください。

※直接ダウンロードページに行く場合のURL　　　https://www.fstyle-ltd.jp/skillup.html

※教材ファイルは、本書をご購入いただいた方が個人的に利用されることを原則とし、著作権者に無断で営利目的に使用することや、企業や団体内でのコピー、再配布等を禁止します。

※教材ファイルに収録したデータの使用結果につきましては、いかなる場合でも制作者および株式会社エフスタイルは責任を負いかねます。あらかじめご了承ください。

◆音が聞こえないときは

音声ファイルを聞くときには、音量を調節してはっきり聞き取れるようにします。音量の調節は、音声再生ソフト、パソコン、外付けスピーカーなどで行います。

方法①音声再生ソフトの音量つまみで調節

音声再生ソフトの画面に表示される音量つまみで、音量を調節します。ただし、微調整用なので、最大限にしても音が小さいと感じることもあります。

方法②パソコンのボリュームコントロール機能で調節

ボリュームコントロールは画面下（タスクバー）の 🔊 をクリックすると表示されます。

方法③外付けスピーカーの音量つまみを調節

パソコンに外付けスピーカーを接続している場合は、スピーカーの音量つまみを調節します。

音が全く聞こえない場合は、次の**チェックポイント**を1つずつ確認していきましょう。

①ボリュームコントロールの「ミュート」にチェックが入っていませんか → チェックを外します。
②スピーカーにスイッチが付いている場合、スイッチはオフになっていませんか → スイッチをオンにします。
③ヘッドホン利用の場合、ヘッドホンのプラグが差し込み口の奥までしっかり差さっていますか → プラグを差し直します。

※このチェックポイントに問題がないのに音が出ないときは、お使いのパソコンのユーザーサポートセンターなどにお問い合わせください。

ボリュームコントロール
がミュートになっていて
音が出ない状態（左）
音が出る状態（右）

パソコンの操作について

本書では、パソコンの基本的な操作については説明していません。パソコンに関する用語や操作は、ご自身で勉強してください。

本書の学習において、パソコンの基本ソフト（OS）はWindowsでもMacでも問題ありません。ただし本書では、パソコンの操作方法を主に次のOSとアプリケーションソフトのバージョンで解説しています。

OS：Windows 10

文書作成ソフト：Microsoft Word（本書ではWordと呼びます）

他に音声再生やブラウザーなどのアプリケーションソフトを掲載、説明しています。

本書の内容

こんにちは。廿^{にじゅう}里美です。文字起こしの仕事をしています。厚生労働省からの委託事業で、文字起こしの講師をした経験もあります。

本書は『**国語好きを活かして在宅ワーク・副業を始める　文字起こし＆テープ起こし即戦力ドリル**』（略称、『**国語好きドリル**』）の続編です。

文字起こしとはどんな仕事か、どんな場所で使われている仕事か、文字起こしの仕事を得るにはどうしたらいいか。表記や仕様についての基礎。そういう話題は『国語好きドリル』に書きましたので、ぜひご一読ください。

本書では、文字起こしの手順について簡単に触れた後、すぐに音声を聞いて文字起こし作業をします。『国語好きドリル』よりは一つ一つの音声が長く、トーク内容が難しいので、根気よく取り組んでくださいね。

本書にはダウンロード教材が付属しています。4ページの案内に従って必ず教材をダウンロードし、実際に文字起こしをしながら学習してください。

ファイルの拡張子について

・本書はファイル名を「exercise_1-2.mp3」など、拡張子の付いた形で記載しています。ダウンロードした教材ファイルを解凍後、各ファイル名に「.mp3」などが付いて表示されていない場合は、パソコンの設定を次のように変更してください。
①フォルダー（どのフォルダーでもよい）の上部のメニューで「表示」タブをクリック
②「ファイル名拡張子」にチェックを入れる。

お問い合わせについて

・パソコンの不調等については、お使いのパソコンメーカーのサポートセンターなどにお問い合わせください。
・ダウンロードした音声が再生できない（パソコンから音が出ないなど）場合は、5ページの解説内容をお試しいただき、それでも音が出ない場合は、お使いのパソコンメーカーのサポートセンターなどにお問い合わせください。
・文字起こしの起こし方は人によって多少異なるのが普通です。自分の起こしたものと本書に掲載した解答例の起こし方が違っていても、「こういう起こし方は違うのか」等の個別のお問い合わせにはお答えしておりません。

はじめに

　本書は文字起こしの問題集です。ただ、文字起こしの問題は「この音声・動画をこの仕様で起こしてください」という1行で済んでしまいます。そのためほとんどのページは解答（起こし例）や解説が占めているという、変則的な構成になっています。

　各章の音声（または動画）ファイルは、15分弱から64分まで。前作『国語好きドリル』は作業時間の計測をおすすめしましたが、本書は**とことん時間をかける**という方向で進めてください。

◆聞くこと、読むことが好きな人は向いている

　第1章の音声exercise_1-2.mp3には、私が調べられなかった言葉が出てきます。話者名は「前田さん」としていますが、このくだりは私の実体験です。ある書籍に出てきた言葉で、その言葉の音（読み）と意味ははっきりと記憶があるのに、どうしても漢字を思い出せなかったのです。

　どんな立場の人がどんな場合に使う言葉かということも記憶していましたから、キーワードになりそうな言葉を考えながら、Googleで複数ワード検索をかけてみました。でも、ヒットしない。どうしても確認したくてその本を買いました。

　本が届いて、漢字を見て。そうだ、こういう字だった。だとすれば、こういうテクニックで調べれば簡単に出てきたはずだった。いや、ネット検索以前に、こう入力すれば変換候補に容易に出てきたはず。

　地団駄を踏みながら……。「私が地団駄を踏んだ話はどうでもいいから、**早くその言葉を聞いて、どんな漢字か調べてみたい！** 自分なら見つけられるか、さっそくトライしてみたい！」と思った方は、文字起こしの仕事に向いています。

　一方、**目の前に文章があれば読み進めずにはいられない**方も、文字起こしに向いています。文字起こしの仕事では、読むのが好き、少なくとも苦にならないことが必要です。音声ファイルと一緒に届く資料に目を通したり、知らない言葉をインターネット検索で探したりする必要があるからです。

◆楽しめる人は向いている

　以前は、文字起こしに必要な資質は最終的に**根気と根性**かもと、私は考えていました。内容が難しく音質も悪い案件は結構ありますから、その理不尽さを乗り越えられるのは結局根気と根性ではと思ったのです。

　最近は違うことを考えています。**文字起こしは楽しいから続けられるし**（多少音質が悪くても！）、逆に**言葉や生活を楽しめる人が文字起こしにも向く**のではないかと。

　新しい言葉を知ったら、いそいそと他人に話す、自分でも使ってみる。新聞の購読率って今は低いんだろうなあと思いながら、一応は新聞も読む。テレビのクイズ番組では熱中して答えを考えてしまう。「これだから今どきの若い人は」「これだから高齢者は」などといきなり否定せず、どんな流行でも少しは見てみる。

　そういう人は言葉の知識が増え、世の中の話題についていきやすく、結果的には文字起こし業務で遭遇する**幅広い言葉や話題に対応できる**のではないでしょうか。

◆スキルこそが個性

　文字起こしは、録音されたトーク内容を聞いて、発言どおりに文字化します。いわば**コピー機のような仕事**です。

　しかし、コピー機だっていろいろです。モノクロコピーしかできない機種、カラーコピーもできる機種。粒子が粗くて読みにくいコピー機や、かすれが出てしまうコピー機もあります。

　文字起こしのスキルも、実はコピー機以上に一人一人異なります。うまい人の文字起こし原稿は聴取不能部分が少なく、句読点や段落替え、ケバ取りや語順の調整が的確であるため読みやすく、内容を理解しやすいのです。

　文字起こしに個性やオリジナリティーは求められていないのですが、「また頼みたい」「この人に頼みたい」と他人に思ってもらえる**スキルの高さこそ、真の個性**ではないでしょうか。

◆音声認識 AI のおかげで仕事は増えている

　音声認識のAI（人工知能 artificial intelligence）も、日常会話ならある程度文字化できるようになっています。AIは、たくさんのデータを読み込ませることで正しい答えを導き出す確率が上がるようになっていますから、**日常会話などサンプル数の多いトークは正しく認識しやすい**のです。

　しかし、例えば「心臓外科医同士が○○という病気の新しい手術方法について討議する会議」といった専門的なトークは、そういう高度な内容を語れる人が非常に少ないので、なかなかサンプル数が増えません。ですから、簡単に音声認識はできません。このような**専門分野には、まだまだ文字起こしの出番がある**といえるでしょう。

　現状は、むしろ音声認識AIの開発・改良という用途のおかげで、文字起こし業務は増えている印象です。「こういう音ならこういう言葉」と音声認識AIに教えるために、さまざまなトークを文字に起こして、そのデータを読み込ませる。そういう用途で発注される文字起こし案件が増えているのです。

◆情報がない音声も起こせる

　本書では、**話のテーマについて事前情報がない音声**も起こします。

　例えば第1章で起こす音声については、「社内報のためのインタビュー」という連絡がありますが、何のインタビューなのか、例えば「今年の目標」「私の趣味」といったテーマは示されていません。何の話かという情報は、聞き取れない箇所があった場合のヒントになるのですが。

　「何がテーマですか」と質問しても「聞けば分かるだろ」と言われかねないので、このような場合、私は「**何か資料があればご提供を**」という形で質問しています。取材に使われた質問表などをもらえれば書いてあるはずだからです。

　しかし、発注者の社内では社内報担当が部署Aで、文字起こしの発注が部署Bだったりします。部署Bは部署Aに聞くのが面倒なので「分かる範囲でやってもらえれば大丈夫ですから」と連絡してくる。たぶんそういう状態ではと推測しているのですが、情報が届かない場合があるのです！

　例えば「ほ、かつ」と聞こえる言葉が出てきた場合、保育園問題がテーマ

のトークなら**保活**である可能性が高く、高齢者介護の話題なら**包括**（地域包括支援センターの略）かもしれません。ですから、話のテーマを知ることは聞き取りの参考になるのですが。

「分かる範囲で」と言われても、本当に**不明箇所だらけの原稿を納品したら次の仕事は来ない**かもしれません。トークの中に断片的に出てくる情報をつなぎ合わせて、何に関するトークかを推測しつつ起こすしかありません。

まあ、これはこれでスリルがあって楽しめます（たぶん）。

本書では、**待ち伏せ法**について解説します。聞き取れない箇所があったときあっさり諦めてしまわず、一工夫することで聞き取ってみよう！という内容です。**ネット検索＋待ち伏せ法**という応用手法についても取り上げます。

さて、それでは音声を起こす前に文字起こしの概略だけ、ざっと復習しておきましょう。

◆文字起こしの手順

ご存じだと思いますが、文字起こしの手順を説明します。

①仕様書に記載されている指示に従いながら、

②文字起こし用の再生ソフトで音声を再生して聞きながら、

③Wordにトークの内容を入力していく。

④分からない言葉があったら、インターネット検索などで調べる。

⑤表記のテキストで、表記（漢字の使い分け、送り仮名の付け方、外来語の書き方など）を確認しながら、入力する。

⑥聞き直し校正　音声の最後まで起こしたら、音声の最初に戻って聞き直しながら校正する。

⑦読み直し校正　最後に、音声を聞かずに原稿だけ読んで、誤字があれば直し、句読点の位置なども調整する。

◆表記のテキストについて

　共同通信社『**記者ハンドブック**』（通称　記者ハン）がよく使われています。大きい書店やネット書店で入手できます。本書も、起こし例部分は記者ハンにある程度準拠した表記で作成していますが、完全な記者ハン表記ではありません。その理由は第3章に記載しました。

　実務では、他に日本速記協会『**新訂　標準用字用例辞典**』（通称　用字例）も表記のテキストとしてよく使用されます。用字例は市販されておらず日本速記協会から取り寄せですので、必要になった時点で入手すれば大丈夫です。

◆ソフトウエアについて

・Wordがない場合、本書の学習段階ではそれ以外のソフトウエアに入力しても構いません。ただ、実務ではWordが最も使われており、仕事をするならWordを持つことが事実上の必須条件です。

・文字起こし用の再生ソフトは、本書ではExpress Scribeプロ版を推奨しています。

　　　　　Express Scribe　NCHのウェブサイトからダウンロード
　　　　　https://www.nch.com.au/scribe/jp/index.html

　推奨の理由は、**動画を文字起こしする仕事が増えているため**です。文字起こしして字幕を制作するという案件も多くなっています。無料の文字起こし用再生ソフトの多くは、音声ファイルのみ、しかも特定の音声ファイル形式しか再生できず、動画ファイルを再生できません。

　動画ファイルを再生できなくてもいいから取りあえずは無料の文字起こし用再生ソフトを使いたいという場合は、長年使われているソフトウエアとしてOkoshiyasu2があります（他にもありますので調べてみてください）。

　ちなみにExpress Scribeは無料版もありますが、ごく短期間しか起動しない上、動画ファイルは再生できませんので推奨しません。

　　Express Scribeの設定方法は、ダウンロード教材「sonota」フォルダー内の
　　express_scribe.pdfをご参照ください。
　　「sonota」フォルダーには、不要語の処理例（いわゆるケバ取り・整文に関する
　　表）fuyougo.pdfも収録しています。

第1章 インタビュー
事実関係はどこまで確認するべきか

・どの程度調べて起こすべきか

・待ち伏せ法、ネット検索＋待ち伏せ法

まずは文字起こし原稿を校正してみましょう。 **やってみよう！**

不適切な箇所や明らかな誤りがあります。音声を聞きながら、校正して直してください。

))) **音声**〈ダウンロード教材〉exercise_1-1.mp3　57秒

前田：そうですね、私の思い込みかもしれないんですけど、この世代とかちょっと後の世代で国際的に活躍した人って、日本産まれじゃない人が結構いるんですね。旧満州、今でいう中国東北部っていうとこですけれども、あそこで生まれたり育ったりした人って結構いるんですよ。結構地理的には北京のすぐ近くの所で、この前初めて地図まじまじと見たんですけど、海辺の地域、北京から見て東北の方角に当たる一角ですね。

この人、高橋さんはチイリン小育ちっていう。チイリンって、あらためてこれも地図を見たんですけど、北朝鮮と地続きの場所、あの辺です。ロシアとも地続きなんですね。ウラジオストック辺と。

鈴木：どこですか。

「音声と原稿だけあっても校正できない！」

そのリアクションが正しいです。必要なのは**仕様書**ですね。

どんな起こし方を求められているのかが分からなければ、原稿が正しいとも不適切だとも判断できません。では、exercise_1-1の仕様書を示します。

　文字起こし原稿は、人それぞれの解釈である程度のばらつきが出ます。一応の目安として、原稿には**10カ所のミスがある**と考えて、探してみてください。

※次の教材「exercise_1-2.mp3」はこの音声の続きですが、exercise_1-2の音声は聞かず、exercise_1-1のみで完結する案件と仮定して校正してください。

校正前

前田：そうですね、私の思い込みかもしれないんですけど、この世代とかちょっと後の世代で国際的に活躍した人って、日本①産まれじゃない人が結構いるんですね。旧満州、今でいう中国東北部っていう②とこですけれども、あそこで生まれたり育ったりした人って結構いるんですよ。結構地理的には北京のすぐ近くの所で、この前初めて③地図まじまじと見たんですけど、④海辺の地域、北京から見て東北の方角に当たる一角ですね。
⑤この人、⑥高橋さんは⑦チイリン小育ちっていう。⑧チイリンって、あらためてこれも地図を見たんですけど北朝鮮と地続きの場所、あの辺です。ロシアとも地続きなんですね。⑨ウラジオストック辺と。
⑩鈴木：どこですか。

校正後

前田：そうですね、私の思い込みかもしれないんですけど、この世代とかちょっと後の世代で国際的に活躍した人って、日本生まれじゃない人が結構いるんですね。旧満州、今でいう中国東北部っていう所ですけれども、あそこで生まれたり育ったりした人って結構いるんですよ。結構地理的には北京のすぐ近くの所で、この前初めて地図をまじまじと見たんですけど、北京から見て東北の方角に当たる一角ですね。海辺の地域。
　　この人、＝タカハシ＝さんは吉林省育ちっていう。吉林って、あらためてこれも地図を見たんですけど、北朝鮮と地続きの場所、あの辺です。ロシアとも地続きなんですね。ウラジオストクの辺と。

鈴木：どこですか。

解説

①一般には、人間の女性または生き物の雌が出産する話題で「産む」を使い、それ以外では「生まれる」を使うとされている。『記者ハンドブック』参照。

②変化した音の修正を行う仕様のため「とこ→ところ→所」とする。他に「じゃない→ではない」「っていう→という」などを修正してもよい。「んです→のです」を修正するかは、このトークではやや微妙。一般にインタビューの多くはあまり堅苦しくない雰囲気で行われるため、変化した音を修正し過ぎるとトークの雰囲気が失われてしまう。

③助詞を最低限補う仕様。ただし、「旧満州、今でいう〜」や「この人、＝タカハシ＝さん」は助詞を補うことが難しいため、そのままとするのが無難。

④語順を変更しない仕様。

⑤段落替えされている。新段落の冒頭は全角空白記号1個を入れる仕様。

⑥この音声だけでは誰のことか確定できないため、勝手に漢字を当てはめず＝タカハシ＝さんとするのが適切。

⑦⑧チイリン小【→正：吉林省】、チイリン【→正：吉林】中国の地域名。日本の読みでは「きつりん省」だが、中国語に近い読み方が使われている。記者ハンの「外国の地名・人名の書き方」欄に、中国語は「地名、人名とも漢字で書くことを原則とする」と記載されているので漢字にする。

⑨ウラジオストック【→正：ウラジオストク】記者ハンの外国地名一覧に記載されている。

⑩話者が替わるとき1行空けする仕様。

※他に、「結構」が連続して出てきており口癖と考えられるため、片方もしくは両方を削除してもよい。

　わずか1分の音声ですが、知っておかなければいけないことがいろいろありましたね。注意点をまとめてみます。

◆吉林省の探し方

　チイリンを吉林と直せましたか？　インターネット検索の結果は日によって変わりますが、私が原稿を書いている今日は、「チイリン」で検索すると製菓会社の名前や台湾の女優さんの名前が上位に来て「吉林」はなかなか見

つかりません。「ちーりんしょう」「ちいりんしょう」で検索すると「吉林省」が上位に表示されます。

　吉林省が中国の地域名であることまでは確認できても、そこが例えば四川省の近くだったりしたら、東北部ではないので文脈と合いません。中国東北部の地域名であることまで、きちんと確認してください。紙の地図帳を引っ張り出すより、ネット上の地図を確認するほうがスピーディーです。

　吉林は日本では「キツリン」「チーリン」どちらの読みも使われますが、発音がどちらであっても吉林と表記します。『記者ハンドブック』で「外国の地名・人名の書き方」や「外国地名一覧」の欄を見ると、中国の地名や人名は漢字が原則と記載されているからです。

◆副詞の漢字・平仮名の考え方

　「あらためて地図を見てみると」の「あらためて」は漢字「改めて」にしなくていいのでしょうか。

　『記者ハンドブック』を見てみると、副詞の場合は「改めて・あらためて」と記載されています。これは**どちらの表記でもOK**という意味です。1-1の原稿も、どちらでもOKです。

　文脈上の問題がない限りは、表記のテキストで**上に書かれている候補に統一する**という考え方もあります（この場合は「改めて」）。一方、『記者ハンドブック』の「用字について→【平仮名使用】」の欄には副詞について**訓読みのものは平仮名書きを原則**とも記載されています。ある副詞を漢字・平仮名どちらで表記するかは、**1つの原稿の中では1つの表記に統一**すれば取りあえずは問題ないと考えていいでしょう。

　「考え方を改めてください」などは副詞ではなく、動詞「改める」の活用形ですから漢字表記になります。

◆段落替えの頻度

　以前は、A4判の1ページに段落は**3個ぐらい**あればOKと言われていたものですが。近年はウェブ上の文章を読むことが多くなった影響か、段落替えが多いほうが読みやすいとされる傾向があります。かといって、eメールなどの

ように句点「。」のたびに段落替えすることも、文字起こし原稿では一般的ではありません。私自身は、A4判の用紙に1行40字の設定で入力する場合、**5、6行程度で段落替え、長くても1段落10行以内程度**を目安にしています。

◆話者の「意見」は放置

　この音声で前田さんは、特定の地域に育った人は国際的に活躍した人が多い気がすると発言しています。統計を取ったわけでもないでしょうから、この発言が正しいとは言えません。では、文字起こし原稿では発言を修正するべきでしょうか。

　答えはノーです。文字起こしにおいては、話者の意見についておせっかいを焼くことは禁止です。発言を勝手に修正してはいけません。「そんな意見はおかしい！」と心の中で思うこと自体は問題ありませんが、実務では守秘義務がありますから、他人には話してはいけません。

　仕様に「言い間違いや言い直しは適宜修正」とあるのは、「話者の意見が正しくない箇所を指摘する」という意味ではありません。例えば「きのう、じゃないや、おととい食べた」という発言を「おととい食べた」と起こすなど、単純な言い間違いを修正するという意味です。

◆＝高橋＝さんでもOK？

　音声のこの部分だけではタカハシさんが誰か判断できません。しかし、タカハシ姓の多くは漢字が「高橋」です。＝を付けず「高橋さん」とする、もしくは＝を付けても漢字で「＝高橋＝さん」としてはいけないでしょうか。

　答えは不可です。もしペンネームや芸名だった場合、「ほとんどが高橋」とはいえないかもしれないです。名前の表記を相手に間違えられると不快になることは、多くの人が経験しているでしょう。ですから、「＝タカハシ＝さん」としておくべきです。

◆相づち・リアクションを起こす頻度

　原稿では前田さんがほとんど1人でしゃべり、その後で鈴木さんが「どこですか」と質問したことになっています。しかし、鈴木さんは頻繁に発言しています。鈴木さんの発言をかっこで表現すると、次のような感じです。

前田：そうですね、私の思い込みかもしれないんですけど（はい）、この世代とかちょっと後の世代で国際的に活躍した人って（うん）、日本生まれじゃない人が結構いるんですね（ふーん）。旧満州（うん）、今でいう中国東北部って（はい）いう所ですけれども、あそこで生まれたり育ったりした人って結構いるんですよ（ふーん）。結構地理的には北京のすぐ近くの所で（うん）、この前初めて地図をまじまじと見たんですけど（北京）、北京から見て東北の方角に当たる一角ですね（うんうん）。海辺の地域。

　この人、＝タカハシ＝さんは吉林（うん）省育ちっていう。吉林って（はい）、あらためてこれも地図を見たんですけど（うん）、北朝鮮と地続きの場所、あの辺です（へえ、知らない）。ロシアとも地続きなんですね。ウラジオストクの辺と。

　これらの相づちを全て、独立した鈴木さんの発言として1行取って記載し、話者が替わるたびに1行空けしていくと、わずか1分足らずの原稿がかなりの行数にわたってしまいます。また、前田さんの発言が頻繁に分断されて記載されるため、読む人にとって意味をつかみにくくなります。

　そこで、仕様では「相づちや軽いリアクションのみの発言→起こさず次の発言につなげる」と指定されています。

　さて、exercise_1-1の続きであるexercise_1-2を起こしてみましょう。ここまでに書いた内容を参考にして、exercise_1-1の「校正後」の原稿（14ページ）に雰囲気を合わせてください。仕様書はexercise_1-1と同じです。

　exercise_1-2を起こす際の目標を設定しましょう。

exercise_1-2 を起こす際の目標
　①タカハシさんとは誰かをつかむ　※タカハシという人名も正しく表記
　②タカハシさんの本の話題が出てくる。その書名をつかむ
　③前田さんが探せなかったと語っている言葉を正しい漢字で表記する
　④1-2に出てくる人名や作品名を全て正しく表記する
　⑤結局この音声が何をテーマとする社内インタビューなのかを推測する

))) 音声 〈ダウンロード教材〉exercise_1-2.mp3 　30分32秒

　約30分の音声です。作業目標時間は設定しません。

　文字起こしの実務経験の長い方はスピードを目標にしてもOKですが。そうでない方は、むしろ聞き取りと言葉調べにとことん時間をかけてみてください。

　「ちいりんしょう」は吉林省という地域名であると確認した。その土地が、話者が言うように中国東北部に存在することも確認できた。だから吉林省という字で正しい。

　というふうに、1つの言葉について複数の事実から特定するのが基本です。

　「exercise_1-2の音声に出てくるタカハシさんは本を書いた。本を書いた人に高橋という姓の人はたくさん存在する。だから漢字は高橋で正しい」

　これは複数の事実を確認していますが、「たくさん存在する」からといって特定の人が高橋であるという証明にはなりません。タカハシさんがどんな経歴の人物かは音声に出てきますから、その情報から姓の表記や書籍名を確定してください。

　タカハシさんの情報は、音声の冒頭に出てくるとは限りません。まとまった形で説明があるとも限りません。断片的な情報をつなぎ合わせて、ネット検索しながら確定します。言うまでもありませんが、音声の最後のほうで出てきた情報でも、音声冒頭にさかのぼって正しい漢字にする必要があります。

　歴史や地理の用語も出てきます。確信のない言葉はネット検索して、間違いないことを確認して入力してください。

起こし例は次ページから

前田：吉林が北朝鮮とかロシアのウラジオストク辺りと地続きになっているという、ちょっと辺境といえば辺境なのかもしれないし、逆に国際的といえば国際的な場所なのかもしれない。ここで生まれた人ですね。ちょっと話が脱線かもしれないけど……。

鈴木：どうぞ。

前田：それを知ったときにふと読みたくなって、これまたずいぶん久しぶりに買った本がこっちの『音楽』ってやつなんですけれども。この2人もその頃の……。『音楽』っていう本なんですけど。

鈴木：本のタイトルなんですね。

前田：うん。この2人、武満さんと小澤さんも、ここら辺で生まれ育っているんですね。北京とかあの辺で。奉天とか書いてあったかな。大連かな。

鈴木：大連、奉天？

前田：うん。そこら辺の地名が出てくるんですが。子供の時の、この人は武満徹っていうんですけど、作曲家ですけど、この人の小さい時の遊び相手はロシア系のユダヤ人だった、みたいな。

鈴木：武満さん自身は日本の方ですよね？

前田：そうそう。だからこの頃は、あの辺はいわゆる、いいことじゃないし、中国の人にすごい迷惑を掛けたんだけれども、日本だと思われて[1]いたんで。だから、日本人は普通にあの辺に日本だと思って住んでいるんですけれども。環境としてはまあそういう国際的[2]、いろんな民族がいる所。

---

1 旧満州の歴史や捉え方にはさまざまな説がある。これは大ざっぱで不適切な表現。ただ、単純な言い間違いといったものではないため、文字起こしでは発言どおりに文字化しておけばよい。

2 軽く語尾を上げているが質問ではない。相手の反応をうかがうこういう表現は「半疑問」と呼ばれる。半疑問はできるだけ「？」を付けないのが基本。

白系ロシア人のユダヤ人と遊んでいたということが書いてあって。若い頃にこの本を読んだ時は白系ロシア人っていうのを知らなかったから、普通に<u>ベラルーシ[3]</u>の人かと思っていたんですよね。

鈴木：知らない。白系ロシア人という。

前田：これは革命、ロシア革命から逃れてきた人たちを白系ロシア人という。

鈴木：と言ってるんですね。

前田：だそうです。驚いたことに。それで、ユダヤ人とかも当時ずいぶん<u>迫害された、弾圧された[4]</u>ので、逃れてきた人たちが自分の遊び仲間だったという、小さい頃の。2人とも結構、小学校に入る前ぐらいには日本の内地へ帰国しているので、向こうにいたのは短い期間みたいですけど。
　　それで、もう脱線ついでなので、脱線してもいい？

鈴木：どうぞ、もうどうぞ、好きに。

前田：その白系ロシア人っていう言葉を今回初めて、ロシア革命から逃れてきたロシア人なんだってことを知った時に、鈴木さんは『はいからさんが通る』なんてまさか読んでない？　昔の漫画だし。

鈴木：タイトルだけは知っていますよ。でも、どんな内容だったかな、はいからさん。

前田：そこの中にね、<u>侯爵[5]</u>とラリサさんという人が出てくるんだけど。まあいいや、すみません。その人たちが、要はロシアの貴族なので、革命から逃れて日本へやってくる人たちなんだけど。「そうか、ああいう人たちのことを白系ロシア人って、じゃあ言うんだな」みたいな感じですね。

3　ベラルーシは日本では白ロシアとも呼ばれるため、白系ロシア人と混同して捉えていたという意味。

4　迫害を取り消して弾圧と言い換えたという解釈もできるが（その場合は「迫害された」をケバと見なし、文字化しない）、迫害、弾圧と表現を重ねたとも解釈できるので、両方とも起こすのが無難。

5　「公爵」でないことは、作品の登場人物をネット検索すると確認できる。

鈴木：そんなところに出ていたんですね。

前田：そんなところに出ているんですよ。だから、向こうで育った人っていうのは子供の時からあんまり、国際的っていう言い方が合っているかどうか分からないけど、どこの国の人たちとも仲間みたいにして遊んだ過去が。

鈴木：そうですね。隔てがない感じですね。それが小さい頃からだったら、結構当たり前の環境というか、そんなものなんだなっていう。この人はこういう人でっていうのであんまり、一緒に遊んでいる人っていうことで。

前田：そうなんですよね。だから、私が子供の頃、高度経済成長期とかそのちょっと後ぐらいですけど、その頃はそういう人たちのことを大陸的な人って言っていましたね。「あの人は大陸育ちだから、考え方がこせこせしてない」みたいな言い方。だから、高橋さんもそういう人の<u>一人</u>[6]かなと思うんですよね。
　なんとなくこの2人のイメージで、この武満さん、小澤征爾さんの同世代ぐらいかと勝手に思っていたんですけど、全然年上なんですよ、高橋さんの<u>ほう</u>[7]が。年齢が15歳ぐらい違う。だから、文章が若々しいんですかね。この本を書いたときがもう60代半ばなんだけど、あんまりこっちの2人、『音楽』の2人と大差ないイメージがある。
　私の知ってる人だと、木下順二さんって分かります？

鈴木：<u>キノシタジュンジ</u>[8]さん。存じ上げません。

前田：『夕鶴』とか、劇作家なんですね。

鈴木：『夕鶴』は知っています。

前田：それを書いた人。『夕鶴』、山本安英さんが主人公つうをやっていて、

6　「〇〇の（メンバーの）ひとり」という使い方では漢数字。

7　「方」でもよい。この表記の理由は59ページで説明している。

8　話者がこの人物を知らない感じを出すため片仮名にした。漢字でもよい。

私、それを見ている[9]んですよ。山本安英さんのご存命時代に。

鈴木：劇場というか。

前田：劇場で。砂防会館だったと思うんだけど。平河町？　どこだろう。

鈴木：近くにあったんですか。

前田：東京に来てからね。この人の有名な劇作だと、他に『子午線の祀（まつ）り』[10]っていうのがあって。こっちも私は劇場で見ているんですよ。当時結構ファンだったんで。

鈴木：いろいろ見に歩いているんですね。

前田：そう。国立劇場だったかな、最高裁の隣にあってね。最高裁が平河町、じゃないかな。なんかあの辺なんだ。

鈴木：隣にあるんですね。最高裁。

前田：最高裁が、コンクリートのがちがちに固い建物なんだけど、国立劇場も、校倉（あぜくら）造りってあるでしょう。昔の、奈良時代のこういうような、ログハウスみたいなやつ。あれを模した建物なんだけど、それをものすごく大きくてコンクリートっぽいので造っているから、すごい重量感があって。

続きは→exercise_1-2-okoshirei.pdf

> 文字起こしに一つの完全な正解というものはありません。人によって微妙に異なるのが普通です。
> ・段落替えや句読点の位置は起こし例と異なってもよい。
> ・表記は起こし例と多少異なってもよい。
> ・ケバ取りや整文の加減も例と異なってよい。

9　観劇や映画鑑賞でも「観る」ではなく「見る」を使うとされている。

10　『記者ハンドブック』では「祀る」は「祭る」と表記するようにと指示されているが、これは固有名詞であるため「祀」の字を使う。「祀」は表外字であるため、初出のみ読みを添えるとよい。

1-2 を起こす際の目標をチェック

達成できましたか？□にチェック✓を入れてみてください。

①タカハシさんとは誰かをつかむ

□高橋展子さん。日本初の女性大使（1980年からデンマーク大使を務めた）

②タカハシさんの本の話題が出てくる。その書名をつかむ

□『デンマーク日記―女性大使の覚え書』

※間の「―」はスペースで記載されている場合もある

③前田さんが探せなかったと語っている言葉を正しい漢字で表記する

□未接到

④1-2に出てくる人名や作品名を全て正しく表記する

□『音楽』　□小澤征爾　□武満徹

□『はいからさんが通る』□侯爵とラリサさん

□木下順二　□『夕鶴』　□山本安英　□つう

□『子午線の祀り』　□野村萬斎　□森有正　□森有礼

□大平首相　□安倍首相　□『記者ハンドブック』

⑤結局この音声が何をテーマとする社内インタビューなのかを推測する

□「感銘を受けた本」「尊敬する人」「文字起こしを仕事にする上で参考になる本」などさまざまに考えられるが、脱線した話題が多いため確定しにくい。本か人に関するテーマと推測すればOK。

他に、この音声で調べて正しく書くべき言葉

□ウラジオストク　□北京　□奉天　□大連　□ベラルーシ

□砂防会館　□国立劇場　□最高裁　□校倉（あぜくら）造り

□白系ロシア人　□EC　□EU　□東西の冷戦　□任地国

□宮内庁　□儀典長　□労働省　□ILO　□事務局長補

□発出　□前広に　□首長　□酋長　□組長　□五人組　□隣組

□金剛組　□組を織る　□ディスコグラフィー　□入牢

自己採点：計50個のうち□個正しく文字化できた

◆タカハシさんとは誰か？　タカハシさんの書籍名は？

　音声の13分07秒前後に「初の女性大使」という言葉が出て、ようやくタカハシさんとは誰かという謎が解決されます。「初の女性大使」をネット検索して外国の例が出てきてしまう場合は、「初の女性大使　日本」や「初の女性大使　高橋」などで検索しましょう。検索する際は、「タカハシ姓の多くは漢字が高橋」という常識を活用して、漢字を使っても構いません。

　デンマーク大使を務めた高橋展子さんという人物を特定できれば、Amazonなど書籍の通販サイトで書籍名も特定できます。念のため出版年も確認して、話題と合うことを確認しましょう。

◆前田さんが探せなかったと語っている言葉

　20分40秒頃に出てくる「未接到」です。「みせっとう」と聞き取れても、「みせっとう」では変換できないことがあります。ヒントになるのはそれに続く発言、「「ちょっとまだ」みたいな言い方なので、高橋さんは未セット、まだセッティングされてないっていう意味かと思った」です。

　そこから「未・せっとう」という意味をくみ取り、「せっとう」のみを入力・変換してみると候補に「接頭」「接到」という字が出てきます。

　「窃盗」などは意味に合わないので捨てます。「接頭」は接する感じですので候補ですが、ネット検索すると「接頭語」「接頭辞」といった文法用語が上位に出てくるため当てはまらないかもしれません。

　「接到」をネット検索すると、「文書などが届く」「官庁などで用いられる」といった情報が見つかり、確定できます。〓を付ける必要はありません。

　前田さんは「みせっとう」で変換やネット検索を行ったせいで漢字を見つけることができませんでした。否定の接頭語「未」を外して検索するというのは重要なテクニックです。他に「不〇〇」「無〇〇」「非〇〇」などの言葉も、これら否定の接頭語を外して検索すると、見つけられることがあります。

◆人名や作品名の書き方

　『記者ハンドブック』の「書き方の基本→用語について→引用符」という欄に、書名、作品名などは『　』を使うと示されています。そのため、書名、

漫画名、演劇のタイトルに『　』を使いました。『子午線の祀り』は、初出のみ「祀（まつ）り」と表記しました。

　本当は『　』の付け方も、必ずしも明確な基準があるとはいえません。迷うのは、例えば①略称にも『　』が必要か（例、『記者ハンドブック』を記者ハンと呼ぶ場合）。②音楽は、アルバム名も収録された個々の曲名も『　』が必要なのか。③どの範囲までが作品なのか。例えば油絵のタイトルが作品名であるなら、建築家が設計した建物の名称にも『　』が必要なのか、などです。

　解釈には個人差が出ます。作品名の『　』があまりに連続して原稿の見た目が読みにくく感じるようなら、しゃくし定規に全部付ける必要はないと思います。本書でも、第4章にゲーム名やその略称が出てきますが、ほとんど『　』や「　」を付けていません。

　人名については、漢字を丁寧に確認しましょう。安倍首相の「あべ」はさまざまな漢字があり得るので、変換したら必ず「安（やす）・倍（ばい）」と声に出して読み上げ、間違った漢字に変換されていないことを確認します。首相に限定しても、過去に「阿部首相」という人物が存在しました。

◆結局、この社内インタビューは何がテーマなのか

　仕様書に「社内報のためのインタビュー。インタビュアーは鈴木さん、インタビュイーは前田さん。先に話しているのが前田さん」と記載されています。これは、インタビュー文字起こしの案件で連絡される内容としては情報豊富なほうかもしれません。話者の名前どころか、話者が何名いるのか分からず、音声だけを渡されることもあるからです。

　同じ話者でも、顔を上げてしゃべっているときと下を見てしゃべっているときで声が異なって聞こえたり、笑っているときと真面目なときで声が異なって聞こえたりすることがあるので、「話者が何人いるのか」は非常に重要な情報なのです。

　しかし、何についてのインタビューなのかは示されていません。

　「何について」という情報は、本当は重要です。自分が聞き取った言葉が正しいかどうか、文脈に合うかどうかの手掛かりになるからです。この音声

にも「お役所が舞台の話で、なんで酋長が出てくる」という発言が出てきますが、酋長はまさにテーマと語が合っていないミスです。

　前田さんが「脱線」と言っている部分を除くと、高橋展子さんの仕事を、『デンマーク日記―女性大使の覚え書』を引用・紹介しつつ紹介しているという内容になります。「社内報のためのインタビュー」という情報も加味すると、確定はできないものの**本の紹介**か**人の紹介**がテーマではないかと推測できます。「ロシア革命について」「日本と西洋の文化の違いについて」などは、前田さんが「脱線」と言っている部分に含まれるため、テーマではないと判断できます。

◆差別語・不快用語の扱い

　音声では、酋長というミスをめぐって、『記者ハンドブック』に「差別語・不快用語」という欄があると語られています。

　この欄は、記者が記事を執筆する際の注意と捉えていいと思います。もともと『記者ハンドブック』は記者が記事を執筆する際のテキストであり、文字起こしのテキストとして使われることは想定されていないからです。

　文字起こしでは、差別語・不快用語も原則として発言どおりに文字化します。インタビュー記事などでは、文字起こし原稿から記事を執筆するのはライターの仕事であり、ライターが適宜判断すべきだからです。

　ただし、念のため差別的な表現があった旨を連絡するとよいでしょう（納品時の連絡事項の書き方は94ページ参照）。どのような言葉が避けるべきと指定されているか、一度は「差別語・不快用語」の欄に目を通しておく必要があります。

◆どの程度調べて起こすべきか

　事実関係は、何をどの程度まで調べて文字化すればOKなのかについて、まとめます。

　ネット検索で容易に出てくる情報は調べて正しく起こす
　ただし、情報が出てきてもそのまま使わず、文脈に合うことを確認する
　例えば「ベラルーシ」という国名があることをネット検索で確認できても、

なぜ話者が「白系ロシア人」と混同したのか、それだけでは分かりません。

「ベラルーシ」をさらにネット検索すると、日本では「白ロシア」とも呼ばれていたことが確認できます。白系ロシア人を白ロシア人と混同したというのはありそうなことですから、ベラルーシは文脈に合うと判断できます。文脈に合うかを確認することで、「役所が舞台なのに酋長が出てくる」ような的外れな文字化を避けることができます。

同様に、「こうしゃく」と聞き取れても、『はいからさんが通る』という漫画に出てくるのが「公爵」「侯爵」どちらかを確認する必要があります。「はいからさんが通る　登場人物」「はいからさんが通る　ラリサ」などのワードで検索し、できれば複数のサイトで確認し（誤字に気付いていないサイトがあり得るため）、ラリサという登場人物の夫が「侯爵」であることを確認します。この程度の**手間**は「容易に出てくる」に含まれます。

「みせっとう」で目指す情報が出ないとき、接頭語と思われる「未」を外して「せっとう」で調べるという程度の**工夫**は「容易に出てくる」に含まれます（ああ、これが出せなかったなんて〜〜！）。

◆書籍の購入までは必要ない

事実関係は、特定の書籍を購入してまで調べる必要はありません。ですから、「こんなぐあいに、」と本に書かれていても、音声では表記や句読点までは調べられないので、「こんな具合に」と文字化するのは仕方ありません。

その場合は「書籍を読み上げていると思われる発言がありました。聞こえたとおりに文字化しましたが、字遣いや句読点の位置等は確認できませんでした」などと、納品時に念のため知らせましょう。

文字起こしの学習中、または実務をスタートしてもまだ仕事が殺到というほどではない余裕のある時期に、「1つの言葉をネット検索で探し回って30分」という経験をできるだけたくさんしておきましょう。

どんな言葉で絞り込めば目指す情報にたどり着けるか、分かってくればネット検索が速くなってきます。

◆待ち伏せ法

音声を聞いたけれども、聞き取れない。だから聴取不能として●を入力。これは一応正しい処理ですが、**もう一歩踏み込んで作業するべきです**。どんな**言葉が発話されていそうかを文脈から推測する**のです。

例えば、次の●に入りそうな言葉は何でしょうか。

> ●的説明をしなければ説得力のあるデータにはならないというふうに認識しておりますので、しっかりとエビデンスをお示ししながら、帰納法的なデータとの補完を図ってまいりたいと思っております。

「●的」ですね。近くの「帰納法的」と対になる言葉かも。そういえば高校時代、帰納法と演繹法という言葉が授業に出てきた……。

「演繹法」という言葉を**予測しながら（待ち伏せして）聞いてみる**と、近い。でも音の数が合わない。では「演繹」か。その言葉を予測しながら（待ち伏せして）聞いてみると、そう聞こえる。これが**待ち伏せ法**です。

次は、**逆に演繹ではないと仮定して**もう一度音声を聞きます。でも、正しく聞き取れた言葉は、演繹ではないと自分に言い聞かせても演繹と聞こえます。演繹で確定します。

演繹法を知らない場合は下の「ネット検索＋待ち伏せ法」に移行し、「帰納法　対義語」とネット検索。

◆応用　ネット検索＋待ち伏せ法

次はどうでしょうか。

> 聞き手：東京から新幹線で来たんですけど、車内はがらがらでした。
> 取材対象者：●に決まっていませんから、タクシー。乗るお客さんがいないっていうんですよ。

トーク内容は改変しましたが、2020年8月、観光業（新潟県）の経営者が答えています。新型コロナウイルスの影響で旅行が自粛され、観光地が苦境に陥っているという状況でのインタビューです。

「タクシー」以降ははっきり聞き取れますが、「タクシー」より前の言葉は

よく分かりません。●に入る音の数も聞いた感じ、2字~10字の範囲という程度しか分かりません。

　私は、●は観光地の**最寄り駅の名前ではないか**と**推測**しました。8月の夏休み時期に観光業の人が新幹線で出歩く暇はなさそうで（コロナのせいで例年ほど忙しくないにしても）、新幹線の車内という相手の話題に直接的に答えてはいないかもと考えたからです。

　新幹線という言葉を自分の状況に引き付けて答えるなら、「自分が働く観光地にお客が来ない、どのぐらい来ないかというと、最寄り駅に観光客相手のタクシーが止まっていないぐらいだ」という、おっと、ここで「決まっていない」ではなく「止まっていない」かもという推測ができますね。

　音声に出てきた**観光地名**で**ネット検索**しました。観光協会のウェブサイトが上位に出てきたので、そのサイト内で**交通アクセス**のページを探し、最寄り駅を確認。上越新幹線の燕三条駅と、在来線の駅名が表示されていました。

　これらの駅名を1つずつ順番に予測しながら（待ち伏せして）音声を聞いてみると「燕三条」でした。燕市と三条市にまたがっていて、両方の地名が付けられている駅名です。「つばめさんじょう」が長いので軽く速く発音され、聞き取りにくかったのです。

　これが**ネット検索＋待ち伏せ法**です。

◆それでも分からなければ不明処理

　こう書くと手間がかかるようですが、推測→ネット検索→音声を確認→「燕三条」と確定するまでに1分程度だったと思います。倒置も直して「燕三条にタクシーが止まっていませんから」で確定しました。

　待ち伏せ法は、常識や日頃の見聞、そしてどうネット検索すれば目指す言葉がすぐ出るかという慣れなどを総動員する、楽しい作業です。音声が聞き取れなくても諦めず、あの手この手を繰り出してみてください。

　言うまでもなく、この手順でも分からない言葉は潔く聴取不能として処理するべきです。文字起こし業界には、**「知らない言葉は聞き取れない」**と並んで**「言ってない言葉を作るな」**という格言もあります。

◆ （笑）の使い方

　exercise_1-1.mp3では、「この前初めて地図をまじまじと見たんですけど（北京）」の部分で、聞き手の鈴木さんが「北京」と言いながら笑っています。「ハハハ」「フフフ」「へへへ」いずれにも聞こえます。そのため、文字起こしでは一般的に笑い声は「ハハハ」などの文字にせず、（笑）や（笑い）と記載します。

　本書では、（笑）について次のように起こすことにします。2-1以降でも、仕様書に（笑）は使用不可とある場合以外は同じ方針とします。

本書統一の仕様　　（笑）の使い方

・（笑い）ではなく（笑）に統一する。

・かっこは全角を使う。

・「。」「、」の手前に入れる。例）違うんですよ（笑）。

・？や！とは連続させず、どちらか一方を使う。

　　　例）×違うよ（笑）！　○違うよ（笑）。または　○違うよ！

・笑い声が聞こえる箇所全部には入れない。（笑）が多過ぎると原稿が読みにくくなるため。

・笑い声が聞こえなくても、冗談で言っていることが文字だけで伝わらない箇所は（笑）を使ってよい。

　例）査定、下げるよ。→査定、下げるよ（笑）。

　※笑い声は聞こえないが、文脈から冗談で言っていることが明らかであり、本気で言っていないことを原稿を読む人に伝える必要があると判断した場合

（笑）。について

　閉じかっこが半角のように見えていますが、Wordが自動で文字間隔を詰めて表示させているためです。仕様どおり全角のかっこを入力しています。

【文字起こしで使ってよい記号】一般的には13ページに記載した記号と、他に「――」があります。第2章以降、使ってよい記号が仕様に記載されていない場合はこれらを使用してください。

第2章　会議
会議に適した起こし方とは

・「なんちゃって逐語」で起こす
・ビジネス用語を理解して起こす

　この章では会議の音声を起こします。まずは会議冒頭部分の原稿を見てみましょう。下記が「正しい原稿」ですので、校正は不要です。

A：じゃ、すいません。ちょっとここから、あの、フリーディスカッションで構わないんで、皆さんのご意見をお聞きしたいんですけど。まずヒロハシさんとかどうですか。

ヒロハシ：はい。うーん、フリーディスカッションでいいっていうことなんで、ちょっと問題提起ですけど。あの、フォロワーシップ研修っていう名前にちょっと抵抗がありまして。

A：ああ。付いていけばいい、みたいなイメージがある？

　原稿を見た感じ、はっきり分かることがありますね。「あの、」「うーん、」など、通常なら「ケバと見なして削除」とされるような言葉が残っています。仕様書を見る前から、**逐語起こし（ベタ起こし）**だなと推測できます。
　話者名が「A」「ヒロハシ」と不統一になっています。これは「姓が分かれば、それを片仮名で話者名に。音声の中に姓が出てこない人はAやBで」というよくある仕様ですから、特に問題はありません。
　問題は逐語起こし（ベタ起こし）のほうです。会議を逐語で起こす意義はあるのでしょうか。

◆会議を逐語で起こす意義
　ケバ取りや単語の整え、語順の変更などを行わない起こし方は、**逐語起こし、素起こし、ベタ起こし**などと呼ばれます。**ケバ付き素起こし**と呼ばれること

もあります。「ベタ起こし」や「素起こし」がどの程度の修正を行う起こし方かというのは、人によって・会社によって解釈が異なるため、「ケバ付き素起こし」という表現で**「ケバさえも削除しない」**という意図を強調しているわけです。

　本当は、インタビューや座談会ならともかく、**会議を逐語で起こす意義はありません。会議の文字起こしは内容重視**のはずです。誰が何を発言したか、そして何が決まったか。それを記録するのが会議の文字起こし原稿ですから、例えば「えっと、あのー、えーと、私もそう思います」というような文字化方法では、読みにくいだけです。記録する価値があるのは「私もそう思います」です。「あの時、同意したよね？　議事録にちゃんと残ってるよ。当然やるよね？」と、後日の証拠になるわけです。

◆会議の逐語起こしが発生する理由

　ところが、会議を逐語で起こす案件というのは、私は経験がありませんがまれに発生するそうです。発注者がそれを望むからです。文字起こしの会社が「読みにくい原稿になりますよ」と忠告してもお客さんが「それでもいいから」と希望すると聞いています。

　その理由は2つありそうです。

①臨場感があって「文字起こし的」だから。

②文字起こし段階で修正されることを過度に恐れているから。

　①は、文字起こしの会社やオコシスト個人の営業用ウェブサイトが、文字起こしの程度についてサンプルを載せているのが理由です。**逐語起こし、ケバ取り程度、軽い整文、強い整文**といったサンプルを掲載して、どの起こし方がいいか相手に選んでもらうわけです。

　当然ながらサンプルはごく短い、音声にして1分程度を起こした原稿です。そうすると、文字起こしの発注が初めての顧客は「発言そのままの、臨場感のある原稿」に魅せられます。これぞ文字起こし！と思ってしまうわけです。2時間、3時間の会議で数十ページにわたる原稿が、ずっと「あのー、そのー」

や言い間違いだらけだったら**どんなに読みにくいか**を想像できないのです。

　一方、修正を過度に恐れる発注者もいます。**勝手に発言内容を変えられてしまう、ねじ曲げられてしまうのではないか**という恐怖があるのです。

　もちろん文字起こしに携わる者は、勝手に内容を変えず、個人の解釈を入れず、**読みにくさだけを軽減するような原稿**を作るべく、研鑽(けんさん)を重ねています（本書もそれを目指す教材です）。「はじめに」で書いたように、自分を「コピー機」と割り切るほどに、オリジナリティーを排除するよう習慣づけています。しかし、そんな事情を発注者が知らないのはもっともです。

◆逐語起こしが必要な案件

　では、逐語起こしが必要な案件とはどんな音声でしょうか。

　逐語起こしが必要な案件とは、会議とは逆の要素を持つ案件ということになります。すなわち、**「何を」ではなく「どんなふうに」発言したかが重視される案件**では、逐語起こしが求められます。

　例えば国語学の研究のために、会話を録音して文字化する場合があります。人間関係（どちらが目上か目下か、初対面か知り合いかなど）で、対話する人たちの口調は影響を受けます。

　目下と見なされている側が話題を変えたい場合は、いきなり新しい話題を切り出さずに、「あのー、ですね、ちょっと違う話なんですけど」と前置きすることによって、遠慮がちな雰囲気を表すかもしれません。その雰囲気を表す場合は「あのー、ですね、」が研究としては意味を持ちます。

　同様に、社会学や心理学の聞き取り調査なども「どんなふうに」発言したかが重要になることがあります。もしかしたら**言い間違いにその人の本心が表れているかもしれない**からです。

◆「ええと」「えーと」はどちらが正しい？

　この章では、発注者への説得もむなしく、会議を逐語起こしすることになったという設定で起こします。

　必然的に「えーと」などが多出しますが、「ええと」「えーと」は表記としてどちらが正しいのでしょうか。

私は「えーと」が適切である（正しくはないけれど）と考えています。その理由は、例えば「ええ」は次のように書き分けたほうが、発言のニュアンスが伝わると思うからです。

　①「ええ、難しいかもしれませんが」
　②「えー、難しいかもしれませんが」
　③「えー？ 難しいかもしれませんが」

　①は**肯定や同意**のニュアンス。③は**否定や不同意**のニュアンス。「ええ」という発音はどちらにも使えるのです。

　そして②は、「えー、それでは会議を始めます」と言うときの「えー」、これから言葉を発するよ、**聞いてね、という合図**の「えー」。もしくは「えー、そうですね、何と言えばいいか」と**言葉を探して間を取る**「えー」です。

　③は「ええ？ 難しいかもしれませんが」と疑問符を付ければ「ええ」でも大丈夫ですが、②は、「ええ」と表記しては肯定または同意にしか見えません。

　それを避けるために、合図や言葉を探して間を取る場合を「ええ」ではなく「えー」と表記する。そうするとバランス上「ええと」も「えーと」になります。そこから「ふうん」も「ふーん」など、**言葉を探して間を取る場合の間投詞**は、伸ばしていたら「ー」を使うというスタイルになるというか、せざるを得ないと思うのです。

◆本来は外来語のみに「ー」を使う

　ただし、本来、日本語の文法では、長音記号（音引き、伸ばしともいう）は**外来語を片仮名で表記する場合に限って使う**とされています。

　平仮名の言葉には長音記号を使わないのが原則です。この原則に徹する文字起こしの会社では、「あのう」「ええと」「ふうん」と表記します。そういう会社の登録スタッフになったら、長音記号を使わない仕様に従ってください。ちなみに、そういうスタイルの会社では、？や！も原則として使わないという仕様になっていることがあります。

「ええ、難しいかもしれませんが」のニュアンスが3つのどれに当たるかは、

原稿を読む人が**前後の発言の文脈を考慮して自分で判断すべき**だというのが、日本語本来の書き方なのかもしれません。

◆「なんちゃって逐語」で起こす

　今回の音声は、「会議に逐語起こしはふさわしくないと内心思う。"あのー、えーと"などは文字化するし、い抜き言葉などは直さず再現するが、あとはできるだけ普通に」というポリシーで起こします。例えば「お、お願いしまーす」と発音されていても「お願いします」と文字化します。

　いわば**なんちゃって逐語起こし**ですね。トークの雰囲気は生かしながら、ある程度の読みやすさ、理解しやすさも狙います。

　exercise_2を起こす際の目標を設定しましょう。

exercise_2 を起こす際の目標
　①逐語で起こす
　②話者たちが使う、いわゆるビジネス用語を理解して起こす
　③話者それぞれの年代、立場、経歴、性格を想像する

　①はここまでに述べてきた内容。②は、音声に出てくるビジネス系の用語を理解して（知らなければネット検索して調べて）起こしてください。③は、聞き取りに迷ったとき「この人のキャラならこの言葉は使わない、だからたぶんこれだ」と、自分の判断の参考にするためです。

やってみよう！

　この章で起こす音声は下記になります。

))))音声〈ダウンロード教材〉exercise_2.mp3　14分38秒

　次ページの仕様書を確認して、さっそく文字起こししてみましょう。

起こし例は 38 ページから

【起こし方の仕様】

音声の内容：会議。

資料：なし。

話者名の立て方：「A：」「B：」など（アルファベット半角、コロン全角）
発言から話者名が判断できれば、片仮名で「姓：」

本文の入力方法：

・左端から入力。1人の発言が長い場合は適宜段落替えし、新段落の冒頭に
　全角空白1個を入力。

・話者が替わるとき1行空けする。

表記：共同通信社『記者ハンドブック』に概ね準拠。

英数字の表記：半角。位取りコンマを入れ、万以上で単位語を入れる。

使ってよい記号：、　。　？　！　「」『』……　（笑）　いずれも全角。

不明処理など：

　・聞き取れない部分→文字数にかかわらず●（黒丸記号）1個を入力。

　・確定できない部分→文字列の両端に〓（下駄記号）を入力。

修正処理など：

　逐語で起こすが、読みやすさ、理解しやすさは考慮。

　・「あのー」「えーと」などはある程度起こす。

　・独り言、口癖や重複表現→ある程度起こす。

　・助詞の補いや修正→行わない。

　・変化した音の修正→「っていう」「そのまんま」など　修正しない。

　・い抜き、ら抜き表現など→そのまま。

　・語順の変更→行わない。

　いずれも、読みにくい箇所は助詞の補いなどを多少行ってよい。

　・相づちや軽いリアクションのみの発言→できるだけ起こさない。

　・言い間違い、言い直し→できるだけ起こさない。

exercise_2 起こし例

A：じゃ、すいません。ちょっとここから、あの、フリーディスカッションで構わないんで、皆さんのご意見をお聞きしたいんですけど。まずヒロハシさんとかどうですか。

ヒロハシ：<u>はい</u>[1]。うーん、フリーディスカッションでいいっていうことなんで、ちょっと問題提起ですけど。あのー、フォロワーシップ研修っていう名前にちょっと抵抗がありまして。

A：ああ。付いていけばいい、みたいなイメージがある？

ヒロハシ：うーん、そういうことですね。もちろんフォロワーとしてあるべき<u>ビヘイビア</u>[2]って、会社の命運を左右する因子だとは思ってます。単なる指示待ち族が何人いても烏合（うごう）の衆ですね。それに、もちろん中堅社員研修って名称に戻せばいいって話でもないのは分かっていますけど。5年目研修、10年目研修とか年次で区切る名称が、全員プロパーとは限らない昨今だと<u>当てはまらない</u>[3]のも承知してますし。
　でも特にですね、最近ホールディングス傘下に入られた方たちが、やっぱり肩身が狭かったりとか。ちょっと企業風土が違ったりするせいかなと思うんですけど、あの、無気力までいかないんですけど……。

A：ああ、そうですよね。分かります。あの、縦割り意識っていうのも違うか。あの、当事者意識がなくなっちゃうっていうか。うーん、まあ、そういうシンドロームを起こしてる面は否定しきれないですよね。
　で、また、それともちょっと違う話なんですけど、本体から分社化した<u>とこ</u>[4]も今大変みたいで。ひそかにね、あの、相談は受けているんですよ。まあ、

1　意見を求められて考えながら返事をしているのか「はーい」と伸ばして発音されている。36ページに従い、「はい」と起こす。以下同様。

2　外来語の表記ルールでは二重母音は「ー」が基本となるため（例外あり）、「ビヘービア」でもよい。ここでは、「外来語といえるほどには定着していない言葉なので、外来語の表記ルールから多少外れても OK」と解釈してビヘイビアとした。

3　つかえて言い直しているが無視した。

4　「ところ」または「所」とせず発話どおりにした。

そちらの話は、あのー、また後日にしますけど。

ヒロハシ：うーん、はい。

A：うーん、そうですね。あの、フォロワーシップ研修っていうネーミングは再考の余地ありかもですね。「部下力」とかいう言い方もありますよね。なんかこれもね、上司にうまくゴマをするにはみたいなイメージもあるような気がするんで、ちょっとためらうんですけど。「次期管理職研修」とかいうネーミングもあることはあるんですが……。まあね、みんながみんな管理職になりたいわけじゃありませんっていう、いつもの反論が来そうですよね。

ヒロハシ：そうですね。

<u>マイタ</u>[5]：ですね。

A：まあ、どんなネーミングでも<u>プロコン</u>[6]あるだろうけど……。うーん。まあ、ちょっと、あの、いいネーミングあったら提案してください。

ヒロハシ：はい。承知しました。

A：マイタさんからはここまでで何かありますか。

マイタ：え、あ、はい。えっと、お試しで私が先日、<u>お試しで</u>[7]受けさせていただいた外部研修にいいのがあったなと思って、思っております。ちょっとだけご説明してよろしいでしょうか。

---

5 「マイタ」という名前はまだ出てきていないので、いったんは話者名を「B」と起こして進む。この先で出てくるので、さかのぼって同じ声の話者名を「マイタ」に直す。

6 良い面と悪い面、長所と短所。「プロコン」をネット検索した際、文脈に当てはまりそうな情報が出てこない場合は、話者たちがビジネス用語を連発していることから、これも同様かも？という推測で「プロコン　ビジネス用語」で検索する。

7 直前にも「お試しで」と言っているが、逐語起こしの場合はこのように両方とも残すのが基本（「なんちゃって逐語起こし」なので片方の「お試しで」を削除してもよい）。

A：はいはい。聞かせてください。

マイタ：はい。リーダーシップ研修なんですけど、申し込んだ後いったんペンディングになりまして、結局リスケ[8]が入ったので受講者は10人程度。10人もいなかったかな。最初より参加人数が減ったという状況でした。

A：減ったんだ。

マイタ：私はリスケ後の日時も問題なかったんで、そのまま受講させてもらったんですけど。私の年次で、まだ普通にペーペーでリーダーなんか程遠いんですけど。こういう立場でもっていうか、こういう立場だからこそ、どんなことがリーダーシップなのかっていう研修でした。

A：ほう、なるほど。

マイタ：はい。あの、職位とか年次とかにかかわらず、たとえ新入社員でもリーダーシップは発揮できるっていう。
　リーダーシップっていうのはその、種類があって、他の人に命令とか指示するのも、あのー、もちろんリーダーシップなんですけど、あのー、研修はグループに分かれてゲームに取り組んで、それで終わった後、グループ全員について、A、B、Cどの種類のリーダーシップを発揮してたか書いていくんですね。

A：へえー、面白そう。

マイタ：「あと何分です」って声に出すのも、えっと、例えばBの種類のリーダーシップとか、他の人の発言に「いいと思います」って言うだけでも、それもリーダーシップの種類だっていうんですね。

A：へえー。なんで?

マイタ：えーと。いいって言ってもらえると、安心するから。

8　スケジュールを再調整すること。

Ａ：ああ、なるほど。

マイタ：うーん、それで話しやすくなったりとか。ここにいていいんだって気持ちになれる、大きく言うとですね。これも組織に貢献っていうかリーダーシップなんだって研修で聞いて、あったかさがあふれたっていうか、あの、前向きになれたっていうか、じゃあ今後はもっと落ち着いてそれをやってみようみたいな、そんな、あの、感じでしたね。

ヒロハシ：そのパワポ[9]、出せます？

マイタ：ああ、すいません、さっき探したんですけど。紙の資料でもらったんで、PDF 化して保存したはずなんですけど、ちょっと今見つからないです。

ヒロハシ：そうですか。

Ａ：分かりました。じゃあ、共有フォルダーに上げて連絡してくださいね。で、えーと、つまりは、そのー、各自が可能な態様でリーダースキルを発揮することによって、課題解決につなげていける。で、あの、マネジャー[10]層のみがリーダースキルを持ってればいいわけではない、みたいな話ですかね。

マイタ：そうですね。

ヒロハシ：そうですね。それは今のわが社の状況だといいと思います。私もアグリー[11]ですね。

Ａ：まあ、そうですよね。

ヒロハシ：まず資料見てみたいですね。ただ、いつも思うんですけど、どん

9　「そ、の、パ、ワ、ポ、」というような話し方だが、再現しなくてよい。

10　管理職を指す。マネージャーと発音されているが、『記者ハンドブック』ではマネジャー。

11　速く発音されて聞き取りにくい。賛成という意味の発言と推測して、当てはまりそうな言葉をいくつか思い浮かべながら聞いてみるとよい。この話者は音声の最初のほうで「ビヘイビア」という言葉を使っている→ここも英語かもと気付く→「賛成を英語でいうと」などでネット検索すると見つかる。

ないい研修をやってもですね、KPI[12]の設定に工夫しなきゃなと。何を達成すれば成果を上げた研修だったって評価になるんですかね。受講満足度は、どういう研修でもさほど代わり映えしないんですよ。

A：しないですよね。

ヒロハシ：ええ。むしろ本当に必要な研修に限って「難しかった」が増えて、満足度が下がる傾向があって。適切な効果測定っていうのは満足度評価とは違うだろう、ROI[13]なんか測れるのかなとは思っています。

A：うん。まあ、あるある。そうですね。ちなみに、うちの会社はあれやってます？　あのー、何カ月かたってから「実践してますか」って調査。

ヒロハシ：ああ、学んだことを職場で生かしているかっていう調査ですよね。

A：あ、そうそう。それ。

ヒロハシ：ええ。調査とは限らないかな。マイタさんに前に受けてもらったやつ、リーダーシップ研修じゃなくて、あの、別のあれね、2段階だったか3段階だったかでフォロー研修ありましたよね。

マイタ：ああ、はい。はい。そうです。あれは、でもフォロー研修っていう形じゃなくて、もともと月に1回のセミナーだったんですけど。

ヒロハシ：ああ、そうでしたっけね。

マイタ：あの、いつも前の月の振り返りが、確かあって、4人ぐらいで話し合って、発表するっていうような形でしたね。

A：ふーん。どんなことをそれは話し合うんですか。

マイタ：あ、はい。えーと、あの、あっ、前の月、前の月のセミナーで学ん

12　Key Performance Indicator の略。目標が達成できたかを評価するための指標。
13　Return On Investment の略。費用対効果のこと。ROY とも聞こえるが、「ROY 測定する　研修」でネット検索すると ROI がヒットする。

だことは何だったか。えーと、それで、あの、自分はそれを生かして、あの、この１カ月にそれを職場でどう生かしてみたかっていうか、どう使ってみたか。と、それから、職場の人たちの反応はどうだったか、とか。この三つ、だったと思います。

A：ああ、なるほどね。それは別途アンケートを提出するんですか。

マイタ：えー、アンケート……。えっと、どうだったかな。毎月のアンケートは、その月の新しく勉強したこととか、ゲストをお招きしてお話を聞くんですけどそれで参考になったこととかかな。

A：ああ、そっちか。

マイタ：そういうことを答える設問だったと思います。でも私はですけど、前の月の振り返りをやるのは、うん、すごく大事だと、あの、思いましたね。

A：うん。ああ、あの、例えばどんな？

マイタ：いや、いい話を聞いても、週明けに職場に戻ると目先の仕事が忙しかったりして、学んだことを生かす余裕がなかったりとか。

A：あるある。

マイタ：あと、自分の仕事を、ここを変えようって思ったはずなのに、１カ月何も……。それで次の月のセミナーで振り返りをしてみると、自分のグループの人が「これをやってみました！」って。それで、その人の職場の人たちが「なんでこんな簡単な改善を今までやってこなかったんだろう」って、「このプロセスはなくても構わない、むしろ便利になった」って喜んでくれたって聞いて。それで、みんなで大拍手しちゃって。私も感激してすっごく拍手して。
　私にとってはそういうのが一番刺激になったし、アンケートに反省を書いて提出するより、他の人、自分の仲間とか、同じように右も左も分からない状態でスタートしたはずの人が、本当に取り組んでるってそういうのを聞いたのが、はい、一番刺激になりました。

ヒロハシ：研修やったらアンケートに記入してもらうのが定例だと思うんで

すけど、勉強になりましたとか反省しましたとか、そういう定型文っぽいこと書いちゃうことってありそうですもんね。

A：ありますよね。

マイタ：うんうん。

ヒロハシ：5段階評価だったら3、4、5を、こうバランス良く丸付けておきゃいいだろうみたいな。
　本当に自分が揺さぶられて、変わらなきゃと思う、そして職場で具体的に実行して周囲を巻き込んでいく[14]。それがセミナーの成果だった。そういう現象が本当に起きてるのか。
　それを確認しなきゃいけないと思うんですけど、定性評価って、実際のところどう出せばいいんですかね。やっぱ結局アンケートの自由記入を一覧にするぐらいですかね。本格的にデータマイニングするほど数が多くないですもんね。

A：まあ、そうですよね。なかなか＝その意味では＝手段がないですよね。うーん。でも定性評価、あの一、研修の定性評価の事例について、ちょっとヒロハシさん、調べてみてもらえますか。

ヒロハシ：はい。[15]

A：はい、それで、えーと、現場からいろいろ出てるこの辺ですけど。あの、水濁法[16]の研修の要望とかですね。洗浄の施設がだいぶ古く、あのー、老朽化してますから更新を検討中っていうことなんですが、水の法律を理解しているベテランさんがもうみんなリタイア年齢を迎えるらしいんですね。それ

14　発言は、い抜き表現「巻き込んでく」だが、やや読みにくく感じたためあえて「い」を補った。発言のままでもよい。

15　ここは相づちではなく承諾の返事なので、必ず起こす。「相手の指示に対して承諾の返事をした」ことこそが、後日の証拠になる「会議の議事録の意義」であるため。

16　水質汚濁防止法の略。聞き取りにくいので、すぐ後の「水の法律」という言葉を手掛かりに推測する。00:11:58のヒロハシさんの発言は水濁法とはっきり聞こえるので参考になる。

なりに費用がかかる研修らしくて、予算が付いている額だと足りないって泣きつかれて今いるんですよ。

ヒロハシ：うーん。すいません。氷河期世代[17]から言わせてもらえば、そんなの業務に支障が出ることは分かりきってたと思うんですよ。不況だからって長年、採用・育成[18]を絞った挙げ句に。現場では重要な研修がたくさんあるって言いたいですよ。私も工場勤務、経験あるんで分かりますけど。

A：はい。

ヒロハシ：本社のオフィスで働く人ばっかお金をかけた研修をやってもらってるって、工場から見ると感じるんですよね。

A：そうですかね。そうですよね。

ヒロハシ：もちろん、あのー、シニア層のセカンドキャリア研修とかが必要ないとか、そういう意味じゃないですよ。でも、本社機能が充実してても洗浄のシステムが止まるとか濃縮プラント[19]が動かないとかじゃ、会社としてやってけないですからね。

A：はい。はい。そのとおり[20]です。

ヒロハシ：なのに工場は特に、年々研修費とか新人育成の費用とか、年々絞られて、それでも何とかやってこれたのは、昔ちゃんと仕込まれてよく分かってるおじさんたちが頑張ってくれたからだと思うんですね。

A：そうですよね。

17　就職氷河期世代。バブル崩壊後の不景気に就職時期を迎えた世代。本書執筆時点で40歳前後。

18　「長年採用育成絞った」と連続して発話されているが、採用と育成は別々のものであり、「・」か「、」で区切る必要がある。「育成絞った」も分かりにくいので、逐語だがあえて「を」を補った。

19　発音がもつれて「濃縮ブランド」に近く聞こえる。聴取不能として●で処理、もしくは「濃縮〓ブランド〓」「濃縮〓プラント〓」などの処理でもよい。

20　「通り」でもよい。この表記の理由は、60ページで説明している。

ヒロハシ：その人たちが続々定年になってって。多少定年延長したり嘱託に
なってもらったりしても、時間の問題で。若手とか中堅に今からでも水濁法
でも何でもちゃんと仕込んで、現場の何とか管理者の資格とかも積極的に取
らせる必要があると、本当に思うんですけど。

A：うん。本当にそうなんですけどね。

　ただ、あの当時はね、もう、まさかの山一とか長銀とかが破綻して大変な
時代だったんですよ。バブル期4万までいったのが7,000円とかですからね。
「株価に一喜一憂しない！」って無愛想に言っていたの、当時の日銀総裁で
すかね、じゃなくて首相かな。本当にどん底だったんです、あの時は。

　あと、あのー、コンプラ[21]がここまで厳しくなるとは当時想像できなかっ
たですね。ESG投資とかSDGsとかも、はやり言葉みたいなもんだけどやっぱ
り今じゃ無視できないですからね。昔は、でも、ちょっとぐらいのことは「い
いじゃん、このぐらい」で済んだんですよ。「別に誰も困んないし」とか。

マイタ：なるほど。[22]

A：まあ、私もいい歳だけど、もっと上の人ね、あのー、昔の私の上司とか
は、あのー、後になってよく言ってましたね。「俺たち、仕事できるやつだ
と思っていたけど、たぶん違う」って。今どきの基準で冷静に考えれば、会
社の金で取引先と飲んでただけだって。あの、人事部の話じゃなくて営業の
部署にいたときの上司ね。

　取引先のほう[23]だって、お酒飲ませてくれたからこの会社に仕事頼もうっ
て、そんないい加減な、あのー、まかり通っていたんですよ。「別に誰も困
んないし」って言って、あっさり握っちゃう[24]みたいな。ちゃんとした見積
もり合わせも取らずにね。結果的に割高な金額でうちに仕事、出してくれた
わけです。

21　コンプライアンスの略。

22　単なる相づちは起こさない仕様だが、Aの発言が長いため、この相づちを
入れることで切った。次ページの「マイタ：うーん。はい」も同様。いずれも、
起こしても起こさなくてもよい。

23　「方」でもよい。この表記の理由は59ページで説明している。

24　合意するという意味。

でも、そのお金的余裕があったからこそ、それこそ昔の社員は水濁法でも何でもちゃんと勉強させてもらう余裕があったとも言えるんですよね。今はちゃんと法規を守ってる。接待で午前様ってこともない。立派なビヘイビアかもしれないけど。コンプラ重視で仕事はみんな<u>あいみつ</u>[25]、入札でしょう。で、1円でもコスト削減しなきゃって必死になってますよね、皆さん。で、おかげで、案件落とせても利益が出ない。だから育成に手が回ってないって、分かっているけどどうすりゃいいのって話ですよね。

マイタ：うーん。はい。

A：まあ、だからこそ今ようやく、少しは<u>HRM</u>[26]にお金かけられるようになって、研修にちょっと力入れようって会社の方針が出て、私たちが<u>特命チーム</u>[27]組んでるわけだから。あ、すいません。あの、だいぶ脱線しましたね。ちょっと話に戻ります。

ヒロハシ：いえいえ。はい。

マイタ：はい。

文字起こしに一つの完全な正解というものはありません。人によって微妙に異なるのが普通です。
・段落替えや句読点の位置は起こし例と異なってもよい。
・表記は起こし例と多少異なってもよい。
・この回では、ケバをどこまで残すか等も異なってよい。

---

[25]　相見積もりの略。「相見積」だとかえって読み方が分かりにくいと判断して、ここでは平仮名にした。

[26]　Human Resource Management の略。人的資源管理。

[27]　ここでようやく、この3名が研修の特命チームのメンバーであるという事実が明らかになる。音声の最後まで文字起こしした後、音声の最初に戻って聞き直し校正を行うが、研修特命チームという事実が分かることで不明点を解消できる箇所もあるはず。肝心な事実が最後のほうに出てくる音声では、校正のプロセスで十分気を配って仕上げること。

◆逐語起こし、逐「音」起こし

お疲れさまでした。「なんちゃって逐語」でうまく起こせましたか。つい習慣で、い抜き表現を補ってしまったりしませんでしたか。私は普段ほとんど逐語起こしを担当しないので、**「あのー」「えーと」が自動的に耳を素通り**してしまいます。社内スタッフの中村が、起こし例の作成を担当しました。

逐語起こしと一口に言っても、今回の「なんちゃって逐語」以外に、多くの追加仕様がある逐語などもあります。例えば会話に少しでも沈黙があればその秒数も原稿内に記載する、会話の声の重なり具合を特定の記号で表現する、といったものです。

逐「音」起こしともいうべき仕様の起こし方もあります。全部片仮名で表記する案件です。しかも片仮名は、例えば「そういう条件では」なら「ソウイウジョウケンデハ」ではなく、「ソーユージョーケンデワ」と表記。もはや小学校で習った仮名遣いなど振り捨てる仕様ですね。

◆ビジネス用語を理解して起こす

ビジネス用語を理解して起こすという目標は達成できましたか。これらの用語になじみがあり、特に苦労なく一気に起こせた人もいたのではないでしょうか。一方、知らない言葉ばかりで相当苦労した人もいたと思います。

話者たちが使っていた**「ペンディング」「リスケ」「アグリー」**などは、ビジネス用語と呼ばれています。ネット上に、言葉の意味と使われ方を面白く解説するビジネス用語集サイトがいくつもありますので、この機会に目を通しておきましょう。ちなみに、「アグリーです」の反対語は「ディスアグリーです」ではなくて、「アグリーできかねます」だそうです！

こういう言葉は、**大企業や、大企業でなくてもIT業界やコンサルタント業界などで特によく使われる**ような気がします。これら英語由来の表現は、一度使い方を覚えてしまうと日本語で言うより短くて、便利なのだろうと思います。どんな職業にもそれなりの業界用語はあると割り切って、音声に出てきたときに調べ、覚えていきましょう。

既に音声を起こした皆さんは当然それぞれの言葉の意味も調べたと思い

ますので、ここでは解説しません。どんな言葉でネット検索すれば出てきや
すいかというヒントは、起こし例の注記部分に記載しました。

◆何の話？　どんな会社？を理解する

　話者3名が何の話をしていたか、つかめたでしょうか。

　冒頭の「フォロワーシップ研修」という名称をめぐって、中堅社員研修、
5年目研修、10年目研修、次期管理職研修などの言葉が付随して出てきます。
どうやら研修がテーマのようです。

　新入社員〜3年目ぐらいの新人時代を通り抜けた平社員（という表現でい
いのかな？　えーと、役職に付いていない社員）の研修についてのネーミン
グやコンセプトが、音声前半の話題になっていることを理解しましょう。

　プロパーは、ここでは学校卒業以来ずっと自社に勤務している人のこと。
転職してきた人や、勤務先が「ホールディングス傘下に入った」ことで仲間
になった（仲間にさせられた）人と対比する表現です。

　54秒ぐらいから、「ホールディングス傘下」「本体から分社化したとこ」と
いった言葉が出てきて、この3名の勤務する会社は複数のグループ会社を含
む、ある程度規模の大きい会社であることが推測できます。

　後半で「水濁法」「洗浄の施設」「工場から見れば」などの発言があります。
製造業の会社なのに、本社機能が肥大化する一方、工場への設備投資や人的
資源管理（HRM）が軽視されてきたという経緯が読み取れます。

◆3名の立場を推測する

　音声の終わり際になって、この3人がおそらく本社の人事部所属で、そろ
そろ少しは研修にお金をかけようという会社の意向で研修特命チームを組
み、研修の計画について相談する会議であることが明らかになります。

　このようなある程度規模の大きい会社では、本社の人事部はわりとエリー
トです。「ある程度」「わりと」など大ざっぱな書き方をしていますが、私自
身は大企業勤務の経験がないので、この20年間に受注してきた音声の内容か
ら得た印象です。

　マイタさんが受けた研修を聞いて、Aさんが直ちに「各自が可能な態様で

リーダースキルを発揮することによって〜〜」と整理していますが、そういう概念整理や言語化の能力を持つ人たちです。

◆「 」の使い方

　初めて聞く言葉はなんだか素晴らしい言葉のように思えて、それらを強調するために「 」でくくりたくなります。

ヒロハシ：うーん、そういうことですね。もちろん「フォロワーとしてあるべきビヘイビア」って、「会社の命運を左右する因子」だとは思ってます。単なる指示待ち族が何人いても「烏合（うごう）の衆」ですね。それに、もちろん「中堅社員研修」って名称に戻せばいいって話でもないのは分かっていますけど。「5年目研修」、「10年目研修」とか「年次」で区切る名称が、全員「プロパー」とは限らない昨今だと当てはまらないのも承知してますし。

　しかし、これでは「 」だらけで見た目が煩雑です。

　ヒロハシさんの口調は、一般には知られていない新しい概念を説明するという感じではありません。Aさんとマイタさんも別段の驚きはなく、ふんふんと聞いている気配です。彼らにとっては全く日常の言葉ですから、「 」はむしろ場違いです。

　そもそも、『記者ハンドブック』「用語について」欄の【引用符】の箇所を見ると、**強調のために「 」でくくるという使い方は示されていません**。

　起こし例では、**主に誰かの発言を再現する部分**で「 」を使いました。

・「あと何分です」って声に出す

・グループの人が「これをやってみました！」って　　　など

　誰かの発言を再現する部分のトークでも、全部に「 」を使っているわけではありませんが、**発言を再現する部分の中に句読点が入るものは**、「 」でくくって範囲を明確にする必要があります。

・ちょっとぐらいのことはいいじゃん、このぐらいで済んだんですよ。
　　　　　↓
・ちょっとぐらいのことは「いいじゃん、このぐらい」で済んだんですよ。

◆話者の年代を推定する

　年齢は、ヒロハシさんが就職氷河期世代、自らを「ペーペー」と呼ぶマイタさんはヒロハシさんより若い、Aさんはバブル崩壊当時すでに社会人でヒロハシさんより上の世代とそれぞれ推定できます。

　Aさんが音声後半で語るバブル崩壊当時の様子は、山一、長銀など企業名が略称で出てきます。文字起こし原稿では略称のままにしますが、当時を知らない世代の人はきちんと調べてください。

　ちなみに、「株価に一喜一憂しない」と無愛想に言っていたのは小泉首相です。いわゆるバブル崩壊とされるのが1993年（あるいは1991年〜1993年）、山一の破綻が1997年、長銀の破綻が1998年、小泉内閣が2001年〜2003年、日経平均株価7162円が2003年ということですから、「失われた10年（以上）」だったわけです。ちなみに日経平均株価は、バブル期の最高が約4万円。本書を執筆している時点では、何とか2万円台がキープされています。

◆語彙や口調を話者特定の参考にする

　同じ会社の同じ部署に勤めている（らしい）3名なので、ビジネス用語が分からなくていちいち聞き返すといった人はいません。その意味では共通の語彙を持つ人たちですが、口調や語彙にはそれぞれの特徴があります。

　ヒロハシさんは、「会社の命運を左右する因子」「単なる指示待ち族」「烏合の衆」「ビヘイビア」「アグリー」「KPI」「ROI」など、多様な言葉を繰り出してきます。

　マイタさんは、お試しでさまざまな研修を受けさせられています。外部研修をまず人事部が受けてみて、良かったものを自社の研修として導入しようとしているのでしょう。「あの、えっと」とたどたどしく話し始めるのが癖ですが、何が仕事に役立つかという視点は明確に持っています。「あったかさがあふれた」「感激してすっごく拍手して」などエモーショナルな語彙を使

うのが特徴です。

　Aさんは、営業職経験があります。合意することを「握る」と表現するのは、営業職に多い言い方です。「見積もり合わせ」「あいみつ」など営業現場の表現が出てきます。

　今回の音声は話者が3名で、会議としては人数が少ないため、「この声は誰？」と話者特定に苦労することはなかったかもしれません。しかしもっと人数の多い会議では、このように話者が使う語彙の傾向も分析しておくと、話者を特定する際の参考になります。作業しながらメモしておきましょう。

　他に、言葉のなまり、口癖、しゃべるスピードなども話者特定の参考になります。

◆会議の定義

　そもそも、これって会議なの？と疑問を持った方がいるかもしれません。参加者が3名しかいませんし、雑談的な口調だったからです。

　会議というのは、非常に幅広い内容を指します。議案が提出されて多数決が行われるような堅苦しいものも会議ですし、カフェで1対1で話すようなものも会議です。

　「ミーティング」と表現すると、イメージしやすいかもしれません。部活で今日の練習を振り返るのもミーティングですし、朝、職場で集まってその日の予定を確認するのもミーティングですね。

　この音声では、パワーポイント資料をどのフォルダーに入れろとか○○について調べろという指示が出ています。音声は会議の途中部分ですが、会議の終わり部分に再度、決定事項の確認と次回会議までの作業指示が確認されるものと思われます。

◆チェックリスト

それでは、原稿を採点してみてください。

1	☐ ビヘイビア	26	☐ 受講満足度
2	☐ 会社の命運を左右する因子	27	☐ 効果測定
3	☐ 指示待ち族	28	☐ ROI
4	☐ 烏合（うごう）の衆	29	☐ フォロー研修
5	☐ 中堅社員研修	30	☐ 定型文
6	☐ プロパー	31	☐ 定性評価
7	☐ ホールディングス傘下	32	☐ データマイニング
8	☐ 企業風土	33	☐ 水濁法
9	☐ シンドローム	34	☐ 洗浄の施設
10	☐ 本体から分社化	35	☐ リタイア年齢
11	☐ 部下力	36	☐ 氷河期世代
12	☐ 次期管理職研修	37	☐ 採用・育成 または 採用、育成
13	☐ プロコン	38	☐ シニア層
14	☐ 外部研修	39	☐ セカンドキャリア研修
15	☐ リーダーシップ研修	40	☐ 嘱託
16	☐ ペンディング	41	☐ 山一とか長銀
17	☐ リスケ	42	☐ 4万
18	☐ 職位とか年次	43	☐ 7,000円
19	☐ パワポ	44	☐ コンプラ
20	☐ 態様	45	☐ ESG投資
21	☐ 課題解決につなげていける	46	☐ SDGs
22	☐ マネジャー層	47	☐ あっさり握っちゃう
23	☐ アグリー	48	☐ 見積もり合わせ
24	☐ KPIの設定	49	☐ HRM
25	☐ 成果を上げた研修	50	☐ 特命チーム

自己採点：計50個のうち ☐ 個正しく文字化できた

第3章　表記
話し言葉の文字化に適した表記方法とは

・「正しい表記」は存在しない
・役所、議会系には『用字例』が最適、民間の案件に適したテキストが求められている

この章では、文字起こしに適した表記とはどんなものかを探ります。

「それは新聞表記の代表といわれる共同通信社『記者ハンドブック』では？」

そうでもありません。『記者ハンドブック』は書名どおり、記者が記事を書く際の表記が示された書籍です。つまり**書き言葉（文章語）用**で、**話し言葉を表記する際のテキストとしては使いにくい**面があります。

◆**『記者ハンドブック』の見方を覚えよう**

しかし、まだ『記者ハンドブック』を購入したばかりで、「**用字用語集**」のページしか見ていないという方もいると思います。まずは『記者ハンドブック』の見方を覚えてください。この章の音声exercise_3.mp3は、『記者ハンドブック 第13版』の見方を解説する内容です。

今後、第14版以降が出版されると思いますが、書籍の構成は大筋では変わらないと思いますので（私が持っている古い版も、項目の順番は変わっていません）、第14版以降が出ても解説内容を適宜応用してください。

音声は講義です。話の内容がすっきり分かることを優先します。ケバを取り、ある程度整えます。例えば冒頭部分は次のように文字化します。

元の発言（「あのー」「えーと」などは削除した状態）

> 共同通信社の『記者ハンドブック』なんですけれども、共同通信社っていう会社があって、取材に行く会社なんですね。で、これを実際に、「○○新聞」なりに記事を提供するというのが共同通信社なんですけれども。元はそこの記者さんが使う本です。だから、本当は文字起こし用のテキストじゃないってことなので、ちょっと読むのにも応用が要るっていうことなんですね。

起こし例

> 　共同通信社の『記者ハンドブック』ですけれども、共同通信社という取材に行く会社があって、これを実際に「○○新聞」なりに記事を提供するというのが共同通信社です。元はそこの記者さんが使う本です。だから、本当は文字起こし用のテキストではないということなので、ちょっと読むのにも応用が要るということですね。

「あのー」などのいわゆるケバを削除し、「っていう→という」などに単語を整え、語順の入れ替えや多少の整理・補いも行います。

　<u>共同通信社っていう**会社**があって、取材に行く**会社**</u>なんですけれども
　→共同通信社という取材に行く**会社**があって

　私はこのような仕様を「**ケバを取り軽く整える**」と表現しています。ほとんどの案件に使える無難な起こし方です。

　「これを実際に」もさほど必要ない言葉ですが。それを言い出すと、あれもこれも不要ですから、相当強く整文することになります。「強く整文する」なら、前半は例えば次のようになります。

> 　共同通信社の『記者ハンドブック』は、元は共同通信社の記者さんが使う本です。共同通信社とは、取材に行って記事を新聞社などに提供する会社です。

◆語順の入れ替えや整理・補いのコツ

　語順の入れ替えや整理・補いを行うコツは、**1〜3行の範囲で入れ替えたり直したりすること**です。本書はA5判なので1行33字程度しか入っていませんが、文字起こしの原稿は「A4判、Wordの初期設定（1行40字程度）」で作成することが一般的です。その書式で1〜3行の範囲までが無難です。

　遠くの言葉と入れ替えようとすればするほど、構文がめちゃくちゃになり、トークの雰囲気が残らず、かといって書いた文章には程遠いという、変な原稿ができてしまいます。

例えば、過去に起こした中にこんなトークがありました。どう整文するべきでしょうか。内容は改変しています。また、ケバは多少削除してあります。

> 　今、Aさんがおっしゃったように、今ヨーロッパで、他の方のお話にもあったように、日本への関心が相対的に下がっているんじゃないかというときに、ここの今直接の議題になっている交流、それは、われわれが、日本が、アジアの他の国と競争してという意味では全くなくて、新しいそのコンテキストの中に自分たちの文化を置いていくというようなことで、狭い視点ではなくて、もう少し開かれた視点でこのことを考えていかなくてはいけないというふうなことがあると思うので、（〜〜さらに420字続いてから〜〜）、このできるだけ近々というような形で、この国際間の交流を始めていったほうがいいのではないかというふうに思います。

　途中の420字程度をこれでもカットしたのですが。元の発言は「思います」までに700字以上あります。「Aさんがおっしゃったように、他の方のお話にもあったように、今ヨーロッパで日本への関心が相対的に下がっているのではないでしょうか。そのときに、」と、近い範囲だけで語順を入れ替え、「。」を入れながら整理するのがコツです。**全体の構文を変えて最後の「思います」まで持っていくのは大仕事過ぎる**からです。

◆ケバ取り・整文の加減をすり合わせる方法

　表記の章で「ケバを取り、軽く整文する」の解説になってしまっていますが。まだ実務を経験したことがなく不安な方、もし個人や企業などから直請け（じかうけ）した場合は、自分の思ったとおりに処理して構わないのですから安心です。

　また、登録スタッフが数百人もいるような文字起こしの会社で仕事をする場合は、スタッフがばらばらに解釈するとまとめるのが大変だというわけで、最初に分厚いルールブック的なものを渡されます。どう処理したらいいか迷いにくく、これも安心です。

　ちなみに私の勤務先は、文字起こしの仕事をする登録スタッフの数は少ないので、最初の案件でテスト納品してもらってケバ取り・整文の加減をフィードバックしています。

【起こし方の仕様】

音声の内容：『記者ハンドブック』の見方についての講義。

資料：『記者ハンドブック』を参照。

話者名の立て方：話者名を立てる必要はない。

本文の入力方法：

・聞き手の発言と答える廿の発言は起こさない（下線部）。

　例）　聞き手：そうなんですか。

　　　　廿：そうなんですよ。次に〜〜

・新段落の冒頭に全角空白1個を入力。

・紹介している『記者ハンドブック』の欄が替わる位置で1行空けする。

表記：共同通信社『記者ハンドブック』に概ね準拠。

英数字の表記：半角。万以上で単位語を入れる。

不明処理など：

・聴取不能部分→文字数にかかわらず●（黒丸記号）1個を入力。

・確定できない部分→文字列の両端に〓（下駄記号）を入力。

※いずれも後ろに（00:00:00）の形式でタイムを記載。

修正処理など：

・ケバを取り軽く整える。

exercise_3 を起こす際の目標

①『記者ハンドブック』を参照しながら起こす

②「　」をうまく使う

表記の説明なのに表記を間違えるということがないようにしましょう。

前後の言葉に埋没しそうな言葉はうまく「　」を使いましょう。

やってみよう！

))) 音声 〈ダウンロード教材〉**exercise_3.mp3**　42分6秒

起こし例は→exercise_3okoshirei.pdf

いかがでしたか。

（この章は本文に起こし例を収録していないので、いきなり振り返りです）

「**表記の説明を表記する、言葉の説明を言葉で書く**」というのは、面白さと難しさがありますね。

起こし例は社内スタッフの大久保が作成しました。途中で大久保の別の担当案件が忙しくなったのですが、これは**作業者が替わると原稿のトーンが違ってしまうタイプの案件**なので、そちらが終わるのをじっと待ちました……。

言葉の説明を言葉で書く場合、処理方法はいくつかあります。例えば表外字に読みを添えるという説明の部分で、どこにかっこして読みを添えるか、添えないかは、起こし例と同じでなくても構いません。この章では、exercise_3のチェックリストはありません。

◆『**記者ハンドブック**』**が民間の文字起こしに使われる理由**

音声では、『記者ハンドブック』が書き言葉（文章語）用であることや、新聞という縦書きの媒体を前提にしているために、文字起こしには使いにくい面もあることを説明しています。

では、なぜ『記者ハンドブック』が文字起こしでよく使われているのか。それは、かつて**民間の文字起こし案件は出版社が大きな得意先だったため**と思われます。

私自身、かつて個人事業として文字起こしをスタートした時、直請けの顧客を3社獲得したのですが、3社とも出版社でした。全部から、記者ハン表記を求められました。新聞も書籍・雑誌もマスコミ系ですから、新聞表記は書籍・雑誌の編集現場でも広く使われてきたのです。

その後、**出版不況**と呼ばれる時代がやってきて、今日では出版業界からの文字起こし案件の発注は（数字は示せませんが、かなり）減っています。

◆『**用字例**』**の表記の特徴**

速記表記（日本速記協会『**新訂　標準用字用例辞典**』、通称用字例に基づく表記）は、話し言葉を書き表すための表記として開発されました。

発言を特殊な符号でリアルタイムに記録する技術が符号速記ですが、普通

の人が読めるものにするには、記録した符号を普通の文字に書き直す反訳<ruby>はんやく</ruby>という作業が必要です。**反訳時に表記を統一するために編纂<ruby>へんさん</ruby>されたのが用字例**ですから、**速記表記はもともと話し言葉の記録用**なのです。

※この反訳という概念から転じて、速記符号からでなく録音された音声から文字化することは「録音反訳」と呼ばれることもあります。特に公的機関や役所系で使われる表現です。

　出版業界で使われてきた記者ハンに対して、用字例は地方議会の会議録など、主に公的機関や役所系で使われてきました。そのせいか、例えば「断固」を強調する「断々固」という言葉なども掲載されています（断々固として拒否するものであります、などと議員さんが言いそうですよね）。

　話し言葉用なので、「垂れ込む、垂れ込み」「ダフ屋」といった俗語的な言葉も表記が掲載されています。

◆部分的に採用される速記表記の例

　新聞表記も速記表記も、国から示された常用漢字表、現代仮名遣い、外来語の表記といった指針をベースにしていますから、極端にかけ離れているわけではありません。1つの文字起こしの会社が発注者の指定に応じて、案件Aは新聞表記、案件Bは速記表記と使い分けることもよくあります。ですから、両方の表記を使えるオコシストは大勢います。

　新聞表記を基本として一部の言葉だけ速記表記が指定される場合もあります。例えばexercise_3の起こし例では（それ以外もですが）、「**ほう→ほう、かた→方**」という速記表記を使っています。

　新聞表記では「ほう」「かた」どちらも「方」ですが、これだと、「では次に、**県の方の方からコメントいただきます**」といった発言が重ね言葉のように、むしろ単なる誤字のように見えてしまうのです。速記表記だと、「では次に、**県の方のほうからコメントいただきます**」になって、分かりやすくなります。

　記者が記事を書くなら「**県庁の○○課長は××と述べた**」とするはずで、「県の方のほう」などという曖昧な表現は『記者ハンドブック』では想定されていません。話し言葉としてはよく出てくる表現ですから、それに対応しているのはやっぱり速記表記ということになります。

他に、**道路の名前は「通り」**（駅前通りなど）、**「そのとおり」「言ったとおり」などは平仮名**というのも、速記表記ですが新聞表記の案件でも使われることがあります。

◆「正しい表記」は存在しない

　「正しい表記」というものは存在しないと考えたほうが現実的です。新聞表記や速記表記の土台になっている常用漢字表は2010年に大改定されたのですが、では、「2010年以前は正しくない漢字表だった」のでしょうか。常用漢字表に限らず、表記に関する決まりは、**それぞれの時点で便宜的に示されている目安**にすぎないと捉えていいと思います。

　2010年より前は岐「阜」や「茨」城などが入っておらず、「自分の住む県名を平仮名で書けというのか」といった抗議の声を受けて、これらが収録されました。表記はみんなで声を上げれば変わるのです。今不便だと思っている表記をSNSなどに書いたり、言葉についてのアンケートに答える機会があった場合は積極的に答えたり。そういう積み重ねによって、表記の決まりも少しずつ変わっていきます。

　『記者ハンドブック　第13版』の外来語の欄では「メード」が「メイド」になりました（メイド喫茶などのメイド。メード・イン・ジャパンなどはメードと書く）。

　「はやり」が平仮名だと使いにくいので、「流行り」という表記を認めるべきだと、私は思っています。「やはりはやりは」などと前後も平仮名の場合に読みにくいからです。

　表記とは異なりますが、ら抜き表現も認めるべきだと思います。可能を表す場合は、ら抜き「このコート、まだ着れるよ」、被害を表す場合は「ら」を入れる「コート、妹に着られちゃったよ」という使い分けは合理的で分かりやすいからです。

　動詞「着る」は何段活用で、活用語尾はこうなるはずで、という文法はあるにしても、可能と被害が同じ表現ということに無理があると思います。

◆決まりを知った上で、連絡して別の表記を使う

音声に「プラットホーム」と「プラットフォーム」の話題が出てきましたが、『記者ハンドブック 第12版』までの時代も、文字起こし原稿にプラットフォームという表記を使う人はいました。「ITの話題ですのでプラットフォームと表記しました」という連絡事項を、登録スタッフさんから受け取ったことがあります。

表記のテキストは便宜的に示されている目安にすぎないのですから、記者ハンで指定された表記を知った上で、**きちんと連絡して別の表記を使うことは可能**です。

◆JIS表記と公用文表記

「プリンター」「フォルダー」ではなく「プリンタ」「フォルダ」などの、末尾の長音記号がない表記を見掛けます。これはもともと、**日本工業規格（JIS・現在の日本産業規格）の表記**から来ているそうです。現在は「プリンター」「フォルダー」と長音を付ける表記が増えています。

公用文表記という表記体系もあります。役所で文書を作成する際の表記の目安となるものです。以前、公用文表記の記事を校正するという業務を経験したので、私の手元には公用文表記のテキストもあります。「取り組み」ではなく「取組」、「申し立て」ではなく「申立て」など、複合名詞では送り仮名を少なく付けるのが特徴です。

◆『用字例』改訂の方向性

ちなみに、旧来の速記表記は、①複合名詞の表記は新聞表記とほぼ同じで、②動詞は細かく使い分けず平仮名ということもよくあったのですが。2020年に出版された『新訂 標準用字用例辞典』では方向が変わりました。**①複合名詞の表記は公用文表記に近く、②動詞の表記は新聞表記に近く**なりました。

例えば旧来の速記表記では「表す」「現す」を両方「あらわす」と表記することになっており、この区別が苦手な私はうらやましく思っていたのですが、現在は「表す」「現す」を使い分けることになっています。

◆「小学生でも読めるのに」というクレーム

　新聞表記と速記表記の両方を使えるオコシストは多いものの、そういう人でもうっかり混ざってしまうことはあります。

　あるとき、クライアントから、「小学生でも読める字を平仮名にしている」というクレームの電話がかかってきました。

　↑この「あるとき」も本当は「ある時」でしょうから、私自身も平仮名がかなり多い人間ですが。クレームを受けたのは、速記表記もできる登録スタッフさんの原稿でした。「表す・現す→あらわす」の例でも分かるように、過去の速記表記は「迷いやすい言葉は両方平仮名」というスタイルで、新聞表記より平仮名が多かったのです。新聞表記の指定でも、つい習慣で平仮名にした言葉がいくつかあったわけです。

　現すを「荒らわす」とでも書けば誤字ですから修正は必須ですが、どちらでも良さそうな言葉が平仮名になっていても、もともと平仮名好みの私は別段直さずに納品したのです。

◆「ことし」が「今年」に変わった

　クレームを受けた言葉は、他に「ことし」などだったと思います。もっとも、『記者ハンドブック』でも第12版までは「ことし・㉺今年　〔注〕なるべく平仮名書き」と記載されており、「ことし」優先でした。速記表記では、2020年に『新訂〜』が出るまで「ことし」のみの指定でした。

　日常会話では、「今年度」は出てきても、「度」が付かない「今年」が「こんねん」と発話されることはほとんどありません。「今年」に違和感がないのが一般的なはずで、「小学生でも読める字を平仮名にしている」というクレームはもっともです。表記問題を電話で説明するのは難しいので、私はお詫びを言って切り、「ことし→今年」などに修正しました。

　ちなみに、『記者ハンドブック』も第13版からは「㉺今年・ことし」と、漢字表記が前に来ました。速記表記も、2020年の『新訂 標準用字用例辞典』では「今年」になっています。「小学生でも読める字なのに」と多くの人が思えば、表記はその方向にいくのです。

さて、表記の練習問題。まずは例題です。

下線部はどう表記すべきでしょうか。（音声はありません）

例題	許されざるものっていう本なんですけど。
答え	『許されざる＝もの＝』っていう本なんですけど。

　文字起こしの表記は、「"もの"は平仮名か漢字か。漢字なら"物"か、"者"か」と考えるだけでは足りません。固有名詞なら『記者ハンドブック』どおりとは限りませんから、確認する必要があります。

　ネット書店などで検索すると、『許されざる者』『許されざるもの』どちらの書名も存在します。実際の仕事では、著者名などが発言に出てきてどの本か確定できることがありますが、例題では発言の前後がないので確定できません。そのため、このような処理になります（作品名なので『 』も必要）。

　では、あらためて問題です。下線部はどう表記すべきでしょうか。

（音声はありません）

（上記例題のような極端な引っ掛けは、これ以降の問題では少ないです！）

【問題】

①ものさえあれば豊かになれると思っていたようです。

②日本はものづくりの国って本当ですかね。

③働かないものは食べるなって、極端じゃないですか。

④出発してみたものの、ちょっと怖くなったんでしょうね。

⑤ものおじしない態度が気に入られたみたいなんです。

⑥当時入ったものは長続きしてね、補充採用なんか必要なかったですよ。

⑦企業の成長に必要なのはもの、かね、ひとですね。

解答は次ページ

【解答】

①<u>物</u>さえあれば豊かになれると思っていたようです。

> 物質的な幸せという意味なので物。

②日本は<u>もの</u>づくりの国って本当ですかね。

> 一般には「ものづくり」や「モノづくり」が使われることが多い。『記者ハンドブック』には「もの」「つくる」どちらの欄にも直接は表記例が掲載されていないが、「つくる」の欄の説明部分に「ものづくり」という記載がある。話者がトークの中で字を説明している、固有名詞である――などでなければ、「ものづくり」と表記しておくのが無難か。

③働かない<u>者</u>は食べるなって、極端じゃないですか。

> 「働かない物は食べるな」→「自分が栽培しない作物は食べるな」という意味ではない。「働かざる者食うべからず」という文語的な表現を言い換えた表現と推測できる。

④出発してみた<u>もの</u>の、ちょっと怖くなったんでしょうね。

> 形式名詞なので平仮名。

⑤<u>物</u>おじしない態度が気に入られたみたいなんです。

> 一般用語として漢字。「物怖じ」ではと思えるが、「怖」は「フ、こわ（い）」の読み方しか漢字表に入っていないため、物おじとなる。

⑥当時入った<u>者</u>は長続きしてね、補充採用なんか必要なかったですよ。

> 補充採用という言葉から、物ではなく人と判断できるので者を使う。

⑦企業の成長に必要なのは<u>モノ、カネ、ヒト</u>ですね。

> こういう言い方では「物、金、人」と表記しないことが多い。

　「もの」の表記は、「ものづくり」「モノ、カネ、ヒト」のような抽象的な使い方以外は、さほど迷わないと思います。
　「モノ、カネ、ヒト」は、企業に必要な「設備、資本、人材」という概念を和語で表現したものと考えられます。しかし最近は情報も重要視され「モノ、カネ、ヒト、情報」というふぞろいな書き方になってしまいます……。
（情報って和語では何でしょうね。「知らせ」はちょっと違うような）

下線部はどう表記すべきでしょうか。

（音声はありません）

【問題】

①公民館も<u>かいほう</u>されています。

②だいぶ重症でしたが<u>かいほう</u>に向かっています。

③ストレスから<u>かいほう</u>される方法って何でしょう。

④数学は、<u>かいほう</u>を暗記することさえできませんでした。

⑤子育てから<u>かいほう</u>されたら何をするっていうプランを立てるんです。

⑥ここの眺めは<u>かいほう</u>感がありますね。

⑦皇朝十二銭に、神功<u>かいほう</u>っていうのがあったんですよ。

同音異義語は、音声では高低アクセントの違いから区別できる場合もある。しかし、高低アクセントを頼りにし過ぎるのは良くない。「○○かいほう」「かいほう○○」のような複合語では通常の高低と変わることがあるため、また、高低アクセントには地域差や個人差があるため。文脈からできるだけ理解するのが基本。

⑧公と<u>わたくし</u>の区別、これが大切ではないかと思うわけです。

⑨まあ、ちょっと<u>わたし</u>的には問題を感じますけど。

⑩<u>わたくし</u>が意図したのとは異なる形で風説が流布しております。

⑪<u>わたし</u>を意図したが発音が滑ったらしき　あっし　たし　わっし

```
解答は次ページ
```

本来は、どんな字を使おうと個人の自由です。この章で解説するのは文字起こしする際に記者ハン表記を求められた場合の表記です。本書の表紙も、記者ハンなら「身に付く」「焦らず」「分かりやすい」となりますが、異なる表記を使っています。

【解答】

①公民館も開放されています。

②だいぶ重症でしたが快方に向かっています。

③ストレスから解放される方法って何でしょう。

④数学は、解法を暗記することさえできませんでした。

⑤子育てから解放されたら何をするっていうプランを立てるんです。

⑥ここの眺めは開放感がありますね。

⑦皇朝十二銭に、神功開宝っていうのがあったんですよ。

> いずれも「かいほう」の同音異義語。文脈から読み取る。「開放」と「解放」が紛らわしいので注意。⑦はネット検索すると見つかる。

⑧公と私の区別、これが大切ではないかと思うわけです。

> 一人称ではない。 公 と 私 とは、パブリックとプライベートのこと。

⑨まあ、ちょっと私的には問題を感じますけど。

> 「首相の私的な諮問機関」などの私的との混同を避けたい場合は「わたし的」「私（わたし）的」「私としては」などと工夫することもある。

⑩私が意図したのとは異なる形で風説が流布しております。

> 2010年まで、「私」の読みは「シ、わたくし」のみだった。現在は「わたし」の読みが入っているが、「わたくし」こそがもともとの「私」であるため、当然「わたくし」も「私」と表記する。

⑪わたしを意図したが発音が滑ったらしき　いずれも　私

> 「私は」は、軽く発音されると「あっしは」「たしは」「わっしは」に近く聞こえることがある。時代劇の登場人物などで特定の一人称が必要な場合でなければ、いずれも「私」にしてよい。ただし方言などで「わし」と発話されている場合（たまたま発音が滑ったのでなく、どの発言も「わし」なので区別できる）は、「わし」と起こす。また、48ページで紹介したような、片仮名で音だけ書くような逐「音」起こしでは「アッシ、タシ、ワッシ」となる。

次です。下線部はどう表記すべきでしょうか。

（音声はありません）

【問題】

①この<u>ところ</u>ずっと雨だね。

②そんなのやった<u>ところ</u>で変わらないと思うんです。

③調査票のこの白い<u>ところ</u>は何？

④<u>ところどころ</u>で雨だって。

⑤心の深い<u>ところ</u>で通じ合ってるはずだって言われて。

⑥のみ<u>どころ</u>ペガサスって店なんですけど。

⑦訪ねてみました<u>ところ</u>、とっくに更地になっておりました。

⑧昔、ある<u>ところ</u>に……って、お話が始まるんです。

⑨ここは造船所があった<u>とこ</u>なんですよ。

⑩でも、敵は勘<u>どころ</u>と勝負<u>どころ</u>を完全につかんでて。

⑪「Aする<u>ところ</u>のB」って訳したらやっぱり不自然かな。

⑫<u>ところ</u>変われば品変わると申します。

解答は次ページ

> 一般の個人や会社からの依頼では、相手が表記の決まりに無関心な場合もあります。その場合は、むしろ「小学生でも読める字」を平仮名にしないことを心掛け、常識の範囲で適宜表記します。

【解答】

①この<u>ところ</u>ずっと雨だね。　　　　　　　　形式名詞。

②そんなのやった<u>ところ</u>で変わらないと思うんです。　　　　　　　形式名詞。

③調査票のこの白い<u>所</u>は何？

　　　記入されていない欄があるという意味と推測。「位置」ではあるが、「住所」的な意味の場所ではないため、平仮名を使う人も多い。

④<u>所々</u>で雨だって。

　　　『記者ハンドブック』ではこの表記だが、平仮名を使う人も多い。

⑤心の深い<u>所</u>で通じ合ってるはずだって言われて。　　　　③と同様。

⑥＝の<u>みどころ</u>ペガサス＝って店なんですけど。

　　　「呑み処」などもあり得る。調べられないので店名全体を不明処理。

⑦訪ねてみました<u>ところ</u>、とっくに更地になっておりました。

　　　形式名詞。ただし「訪ねてみました所は」だと漢字なので、慎重に聞き取る。

⑧昔、ある<u>所</u>に……って、お話が始まるんです。

　　　記者ハンでは「ある所」だが、子供向けの絵本のイメージで、平仮名を使う人も多そう。

⑨ここは造船所があった<u>とこ</u>なんですよ。

　　　仕様による。「とこ」のままなら平仮名、「とこ→ところ」に修正するなら、場所を指すので「所」。

⑩でも、敵は勘<u>所</u>と勝負<u>どころ</u>を完全につかんでて。

　　　記者ハンではこうなる。理解が難しいが、勘所は一種の「位置」、勝負どころは「このタイミング」、いわば「時間」であるという意味か。

⑪「Aする<u>ところ</u>のB」って訳したらやっぱり不自然かな。

　　　関係代名詞を訳す話題らしい。

⑫<u>所</u>変われば品変わると申します。　　　　　場所を表すので漢字。

◆「ところどころ」と「所々」は2対1

「ところ」については、**形式名詞は平仮名、「位置・場所」の場合は漢字、「位置・場所以外や誤読のおそれがある場合」は平仮名**とされています。

実際の使い方はかなり人それぞれで、住所を示せるような「場所」は漢字にするけど「位置」は必ずしも漢字にしないという人は結構います。例えば「調査票のこの白いところ」や「心の深いところ」は、**「位置」ではあっても住所的な「場所」**ではないので、平仮名表記という具合です。

「ところどころ」も場所ではないことがあります。天気予報の「所々で雷雨」は場所を示しますが、「昔の話だからところどころ忘れちゃったよ」などは場所とは限りません（記憶の「位置」かもしれませんが）。

『記者ハンドブック』で「所々」が指定され、特に注記がされていないのですから「所々」に統一でいいはずです。しかし、最近の納品ファイルを仮保存しているフォルダーに検索をかけたところ、「ところどころ」が含まれるのが11ファイル、「所々」は5ファイルでした。

このフォルダー内は登録スタッフさんが起こし、社内で校正して納品した原稿です。登録スタッフさんの解釈の違いが表れています。約2対1の割合で平仮名派が優勢ですね。

『記者ハンドブック』では、「とき」については**「使い分けに迷う場合は平仮名書き」という注**がありますが、なぜか「ところ」についてはこの注がありません。必要だと思うのですが。

◆**表記の統一が必要な案件**

「処」に「ところ」という読みは現在の常用漢字表にないため、「調査票のこの白い処」と表記するのはNGです（「呑み処ペガサス」などの固有名詞を除く）。一方、「別にどちらも間違いではない」と感じる表記（「ところどころ」など）は、私は変更せず納品する場合があります。

ただ、それをするのは音声1本を1人が全部起こした原稿です。数人で手分けして起こした場合は、1つの原稿の中で表記が異なると気になるため、できるだけ統一しています。また、「月1回開催されて何年も継続する会議」なども、原稿の統一性が必要であるため、できるだけ表記を統一しています。

（余談ですが、私の勤務先は文字起こし技能テストを開催する協議会の正会員です。文字起こし技能テストは、採点結果に「表記は、表記ルールに沿ってやや厳密に採点しました。実際の仕事では、音声の内容や案件の性質によって、柔軟な表記が必要な場合もあります」といった文言が付記されます。文字起こし技能テストでテキストどおりの表記を覚え、本書では多少柔軟な表記を試すという感じに理解してください）

◆トーク内容を表記する場合の基本的な方針とは

　表記の練習問題、もうちょっとあったらいいのにと思われるかもしれませんが……。全ての言葉について練習問題を作成するのは無理ですので、練習問題を通して、表記についての考え方に触れていただくようにしました。次のような内容です。

　「**もの**」の問題では、

・注意すべき表記に遭遇しても、その表記だけに注目しないこと。全体を見て、例えば書名ならネット検索を行い、確定できなければ不明処理する。

・抽象的または俗語的な言い方は『記者ハンドブック』に載っているとは限らない。世間でどんな表記が使われているかも知っておく必要がある。

　「**かいほう**」の問題では、

・高低アクセントの違いに頼り過ぎないこと。文脈から理解するのが基本。

　「**わたし、わたくし**」の問題では、

・漢字は現在の読み方や意味の他に、昔からの読み方や意味も生きているため、それらについても知っておく必要がある。

・発音が滑った場合も、特殊な仕様を除けば本人が意図したはずの字で書く。

　「**ところ**」の問題では、

・実務に就いているオコシストでも、必ずしも完全な記者ハンどおりの表記をしているとは限らない。言葉によっては、それが悪いわけではない。

　これらが、いわばトークを表記する場合の基本的な方針ということになります。

◆統一するほうが作業はスピーディー

65ページ⑪の問題、わたしを意図したが発音が滑ったらしき「あっし」「たし」「わっし」は、あまり迷わず「私」と解答した人が多かったのではないでしょうか。「たし」と文字化するのは気が引けますものね。では、「っていう⇔という」や「ほんとに⇔本当に」はどうでしょうか。

納期に追われながら急いで起こしていると、「という」「本当に」と**統一するほうが、時間がかからない**のが現実です。「"っていう"と言った？ "という"と言った？」と丁寧に聞き分ける必要がないからです。

> 「統一するべきだ」ではなく、「実務的には統一するほうがスピーディーな場合がある」です。くだけたインタビューや話者がくだけた話し方をする場合は「っていう」「ほんとに」を優勢にするほうがふさわしい場合もあります。

◆今は民間の案件にちょうどいいテキストがない

統一したほうが……と書くと、「アメリカとUSAと米国は、全部"アメリカ合衆国"と書くべきか」といった質問が来そうな気がしますが、当然それはNGです。上に書いたのは「っていう⇔という」などの、本来同じ言葉だけれど言い方が少し異なるというレベルの話です。アメリカとUSAと米国はそれぞれ別の言葉ですから、それぞれの言葉どおりに書きます。

さて、あらためて文字起こしに最適な表記とは？

新聞表記の『記者ハンドブック』はマスコミで使われる親しみやすい表記だが、話し言葉特有の語彙に対応していない。また、記者が記事を書く際の書き換え例などが記載されているので、発言をそのまま記録する文字起こしの用途に合わない面がある。

速記表記の『標準用字用例辞典』は話し言葉に対応しているが、公的機関・役所の案件で使われてきた歴史があり、最近は一部に公用文表記が取り入れられるなど、役所や議会の案件に特に適している。

※もちろん記者ハンが役所系の案件に、用字例が民間の案件に使われることもあります。

話し言葉の表記に特化した、民間系の表記のテキストが欲しいところですね……。

第**4**章　対談

ゲーム用語、ネットスラング、若者言葉に対処するには

・ネットスラングは表記が定まっていない
・興味が持てないマニアックな話題を起こすコツ

この章では対談の音声を起こします。対談には、ゲーム用語、ネットスラング、若者言葉が登場します。それらの言葉になじみがない人は、根気よくネット検索で調べながら起こしてください。

◆ネットスラングは表記が定まっていない

それらの用語を知っていて自分でも普段使っている人は、むしろそういう人ほど丁寧にネット検索で確認してください。ネットスラングや若者用語は社会的に定着した言葉ではないだけに、表記が定まっていないためです。

「この言葉は平仮名が普通だと思い込んでいたけど、ネット検索すると圧倒的に片仮名が使われていた」「語源を知ってみると、実はこう表記するのが適切かもしれない」など、さまざまな発見があるかもしれません。

今回は、最初に目標を設定します。

exercise_4 を起こす際の目標

①ゲーム用語、ネットスラング、若者用語を確認しながら起こす

②自分で仕様を考えて起こす

③資料を確認しながら起こす

④声が似ている音声を、話者を判別しながら起こす

⑤Wordの書式設定の変更に慣れる

◆マジレス？　まじレス？

①については、上記に書いたとおりです。具体的にはどんな言葉が出てくるのでしょうか。原稿の一部を見てみましょう。

英子　　：マジレスすると、ゲーム脳って言葉がはやってたぐらいで。

ともこ：パワーワードな、あれな。

英子　　：パワーワードなんだけど。「ゲームは子供の教育上、良くないよ」
　　　　　みたいなのがはやってたんですよ。

聞き手：あの頃は言ってましたね。

　「マジレス」という、世代によってはごく一般的、別の世代だと意味は分かるけど自分では使わない──に分かれそうな言葉が出てきています。表記は片仮名でいいのでしょうか。

　『記者ハンドブック』の「用字について」では、「特別の意味やニュアンスを出す場合、読みにくさを避ける場合は片仮名を使ってもよい。〔例〕思うツボ、ノリのいい音楽、恥をかくのがオチだ」と記載されています。

　レスはレスポンスから来ているため、片仮名。マジも一般的に片仮名です。私がネット検索した日、完全一致検索（" "で挟む）でマジレスは600万件以上ヒット、まじレスはわずか24万件。こういう場合は『記者ハンドブック』で指定されているといった根拠がない限り、多数決に従うのが無難です。

　その次の「ゲーム脳」は有名ですね。ゲームが脳に与える悪影響を主張する本が2002年に出版され、親や学校関係者を恐怖に陥れました。

　その次に出てくるのが「パワーワード」。強い言葉と直訳できますが、上記の使われ方を見ると、一般論としての「強い言葉」という意味ではないかもしれません。「パワーワードとは」とネット検索すると、ちょっと独特な使われ方をする言葉であることが分かります。

◆自分で仕様を考えよう

　今回は、Wordの書式が指定されます。しかし、言葉の処理に関する仕様はありません。ケバ取りの加減などについての指定がないわけです。

　「この仕様だと、このトークの雰囲気が消えるのでは？」「そんなことまで指定されるとやりにくい」などと、ケバ取り・整文の仕様にいら立つことはしばしばありますね。今回は自由な処理で文字化できます。

　ただし、当然のことながら、1つの原稿としてある程度の統一感は必要で

す。音声は64分もあります。前半では強く整え、後半はケバさえ削除していないという不統一にならないよう、注意しましょう。

発注者からの指示内容は74〜76ページに記載しています。

◆資料の確認と話者の判別

発注者からはPDF 2ページの資料が届きました。年表のようです。トークに出てくる年代や用語の参考になりそうです。

exercise_4の声の出演は3名。聞き手の田中さんが私、そして白石英子さん・ともこさんという姉妹はうちの娘たちが演じて（？）います。3名の声や話し方は多少似ているそうです。第2章でも実習した、声や話し方の特徴、語彙の特徴をメモする方法を活用してください。

といっても、今回の音声はヘッドホン・イヤホンを装着して聞けば音の聞こえる位置（右のほう、左のほうなど）で判断できそうです。

> 余談ですが、「ゲーム脳」当時、小学校の保護者会ではゲームの与え方について親が順に発言させられ、しかも出てきた発言は「子供が時間を守らないのでゲーム機を破壊して捨てました！」などという極端な雰囲気でした。私は元来サブカル好きですが、当時は巻き込まれて娘たちのゲームを規制しました……。

◆発注者からのメール

あなたは、知り合いの田中さんという女性からメールを受け取りました。長いメールですが、必要な事項を読み取って文字起こしに生かしてください。

ご無沙汰しております。田中です。
文字起こしのお仕事をされているとお聞きしたので、ぜひ対談の文字起こしをお願いできないかと思いましてメール差し上げます。

私は現在、娘たちが独立して暇になったものですから、大学の通信制学部に編入しています。経営系の学部です。ようやく卒論を書くところまでこぎつけました。
卒論は、女の子とゲームについて取り上げる予定です。

テレビにつないでいた時代のゲーム機は、主に男の子が遊ぶ物だった気がします。
男のきょうだいがいると女の子も一緒に遊び、でも思春期になると女の子はゲームから離れることが多かった。

これは私のイメージですので、書籍なり論文なり統計なりを探して、本当にそうだったのかを検証しなければいけませんが。

ゲームが男の子や男性だけのものであれば、人口の半分しか対象にならないわけですから、ゲーム会社も女の子や女性に浸透させる機会をうかがっていたと思うのです。（ゲーム会社が「俺たちは男だからゲームで遊ぶ。女は対象外」と思っていた可能性もあるので、それも検証が必要ですが）

女の子や女性が普通にゲームで遊ぶようになった経緯を追究したいと思っています。

経営学なので企業側から書く必要があるのですが、まず、ゲーム機を使い始めた時代に女の子だった世代に、話を聞くことにしました。

どんなふうにゲームを始めたか、どんなニーズがあったのか、何が楽しかったのか。私がインタビューするとテンポが悪くなりそうですので、姉妹や友人などが対談する形でお話を聞かせてくれる方々を、お知り合いから紹介していただきました。

1時間程度の録音を3組、予定しています。現在、1件目を録音したところです。

料金をお知らせください。ICレコーダーで録音した音声をお届けする方法も教えてください。

資料はスキャンしたので添付します。年表のようなものです。数字は、西暦、長女白石英子さんの年齢、次女白石ともこさんの年齢の順です。

メールで少しお話を伺った際に出てきたゲーム名や、私が時代の節目だったと思うゲーム名を記載しています。ただ、サンシャイン牧場などは、mixiに登録するには年齢制限があったから子供には関係なかったと言われて空振りでしたけど。

お会いした日は、年表を見ながら少し雑談し、それから対談を録音しました。

Wordに入力するとき、次のように頭出ししていただければと思います。

英子　：ああああああああああああああああああああああああああああああああ
　　　　あああ。
ともこ：ああああああああああああああああああああああああああああああああ
　　　　あああ。ああああああああああああああああああああああああああああ
　　　　ああああああ。
聞き手：ああああああああああああああああああああ。

それと、1人の発言の中では段落替えしないでずっと続けてください。

3分に1回程度、音声のタイムを記載していただけますか。

正直私には分からない今どきの言葉なども出てきましたが、直さずそのまま書いてい

ただいて大丈夫です。その他、適当にお任せします。

いつ頃できるかもお知らせいただけますか。

よろしくお願いいたします。

◆メール返信時に考慮すべき事柄

いろいろなことが順不同に書かれていましたね。

最も大事なのは何に使われるか説明があったという事実です。第1章で触れたように、原稿のテーマさえ分からない文字起こし案件もあります。今回は使われ方が分かり、しかも起こし方を任せてくれているわけですから、腕の振るいどころです。

次に大切なのは「田中さんには知り合いが多い！」ということです。「姉妹や女性の友人同士で取材に応じてくれる相手」を、知り合いからの紹介で3組も見つけています。あなたが文字起こしの仕事を始めたことも、誰からか「お聞きした」ようです。こういうアクティブな人物を大事にしておくと、今後も何か仕事依頼があったり、他の人からの仕事を紹介してくれたりする可能性があります。

田中さんに金額や納期について返信します。個人の顧客は、企業や団体ほどの予算が取れなかったりしますが、あなたが登録先から払ってもらっている報酬よりは多少高い単価を提示しても大丈夫です。ICレコーダーに録音された音声を送ってもらう方法をレクチャーすることなども、業務に含まれるわけですから。

また、今後もし自分だけではこなせない量を頼まれたら、一部を下請けしてくれる人を探さなければならないかもしれません。その人たちから届いた原稿を校正して、原稿の雰囲気をそろえて、納品しなければなりません。そういう手間をかけても大丈夫な金額を提示しましょう。

本書では、ビジネスメールの書き方実習は行いません。時代とともにメールの作法も少しずつ変わってきています。ネット検索して最近どんなビジネスメールが良しとされているか調べてみてください。

◆Word の書式設定とタイムの記載方法

Wordの書式設定が指示されていましたね。この設定方法は簡単ですから、ぜひ覚えてください。

「3分に1回程度、音声のタイムを記載」の仕様は、次のように統一しましょう。①全角かっこに（00:00:00）の形式で入力。②タイムに1行取る。③3分ちょうどにこだわらず言葉の区切りのいい位置に入力。④タイムは前後数秒のずれは問題ない（音声を止める位置は、手加減で多少異なるため）。

```
英子　　：ああああああああああああああああああああああああああああああああ
　　　　　ああああ。
（00:18:01）
ともこ：ああああああああああああああああああああああああああああああああ
```

では、さっそく起こしてみてください。

やってみよう！

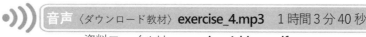
音声〈ダウンロード教材〉exercise_4.mp3　1時間3分40秒
資料ファイルは→exercise_4shiryo.pdf

```
起こし例は次ページから
```

(00:00:00)

聞き手：じゃあ、よろしくお願いします[1]。私の世代が「これって何ですか」とかいちいち質問してしまうと話がはずまないと思うので、極力私は黙っているので、お二人の対談という感じで進めてもらえればと思います。さっきお話ししたとおりで、10歳ぐらいのことから、思い出とか、あとゲームについてどんなゲーム機とかパソコンとかスマホとかを使っていたとか、そのゲームをどこで知ったとか、誰かに聞いたとかテレビのCMで見たとかあると思うんですけど、そういうところ。あと、どんなところが面白くてはまったか、そういうところとかを聞かせてもらえればと思います。私が聞くわけじゃないので、お二人でため口[2]で、ぺちゃくちゃとしゃべっていただければと思います。じゃあよろしくお願いします。[3]

英子　：はい。ともこちゃん、よろしく。

ともこ：お願いします。

英子　：まず、ドンキー[4]、あったよね。

ともこ：ドンキーが一番古くない？　違う？

英子　：おじいちゃん、おばあちゃんの家にスーパーファミコン、あ

---

1 取材対象者2名もよろしくお願いしますと言っているが、この原稿ではちょっとした返事やリアクションは省略している。起こしてもよい。この音声はケバ取りや整文に関する仕様がないので、起こし例と異なっていてよい。以下同様。

2 ネット検索した日は、タメ口が300万件、ため口が100万件なので、タメ口にするのが基本。この言葉に慣れない人が全部片仮名の「タメロ」と読みそうなのでためを平仮名にした。

3 取材意図を説明する部分で、やや長い発言だが、途中で段落替えを行わない仕様。他の発言も、このように1発言1段落で入力する。

4 ドンキーコングというゲームのこと。シリーズ物だが、話題になっているのがどのバージョンだったかは音声では語られていない。

の時は名前も知らなかったんだけど。

ともこ：知らなかった。ファミコンだってたぶん小学生ぐらいに知った。

英子　：ドンキーって呼んでて。

ともこ：あのカセットっていうかゲーム機が、もうドンキーだと思ってた。

英子　：ドンキーっていう名前で呼んでて、やってて。

ともこ：でも、あれインベーダーゲーム[5]も一緒に入ってなかった？

英子　：いや、あれは別件。

ともこ：別々？

英子　：うん、全然別件。

ともこ：そうだっけ。

英子　：そう。ドンキーだけが祖父母の家にあって、私だけが朝晩も忘れてピコピコやってて。

ともこ：ずっとやってたよね。私、合間合間に『ピカチュウのふゆやすみ』[6]見てた。絶対見てた、あれ。

英子　：うちにも欲しいって言ったと思うんだけど。

ともこ：言ったと思うよ。

英子　：当然のように却下されたと思うんだけど。

ともこ：なんでかな。

英子　：マジレスすると、ゲーム脳って言葉がはやってたぐらいで。

ともこ：パワーワードな、あれな。

英子　：パワーワードなんだけど。「ゲームは子供の教育上、良くないよ」みたいなのがはやってたんですよ。

5　スーパーファミコン版では「スペースインベーダー The Original Game」というゲーム名だったようだが、直す必要はない。

6　ポケモンのアニメ映画。ビデオテープが祖父母宅にあって、帰省のたびに見ていたという話題。ふゆやすみは平仮名。起こし例では、映画名と漫画名に『　』を付け、ゲーム名は『　』なしにしている。不統一なので、これ以外の処理でもよい。

聞き手 : あの頃は言ってましたね。

英子 : 私の母なんか、パソコンはそもそもあって頭の柔らかい人だなと思ってたんだけど、ゲームだけは許されなくて。

ともこ : でも、たぶんなじみがないからさ、やっぱり不安要素が最初……。だって、ポケモンのアニメだって<u>ポリゴンショック</u>[7]とか言って、子供がなんか体調悪くしたとか何かね。それぐらいあったんだから、ゲームは悪影響っていう風潮ができてもおかしくないよな。

(00:03:09)

英子 : ゲームやりたい本人にとっては、めちゃめちゃ迷惑な話だったんだけど。

ともこ : 地獄やん。

英子 : 周りの学校の友達とか全然、買ってもらったりして、「親もやってるよ」とか言ってたりして。

ともこ : それ、すごいよね。

英子 : その格差みたいな。「ずるー!」[8]って感じで。

ともこ : だって、実際ガラケーだって、私が小学生の時は持ってる人って全然いなかったけど、小1から買ってもらってた女の子とか、たまにいた。でも、すごい少人数だったけどね。学年に片手で数えられるぐらいじゃない?

英子 : でも、われわれ白石家のいとこは、すごくゲームも<u>ケータイ</u>[9]も何でもある子だったから、「わあ、うらやましい。何、この

---

[7] テレビアニメ「ポケットモンスター」で、視聴者が光過敏性発作を起こした事件。1997 年。ポケモンショックとも呼ばれる。

[8] 活用語尾を省略して語幹のみを使う話し方。発音は「ずるっ」に近いが、文字だけを読むと「ずるっとすべった」ような意味に取られそうなので「ずるー!」とした。「ずるっ」「ずるい」としてもよい。

[9] 携帯電話のこと。この音声では携帯型ゲーム機 (ゲームボーイアドバンスやニンテンドーDS など) の話題が多く、混同を避けるため携帯電話のことは片仮名で「ケータイ」と表記した。

格差」みたいな感じで。あったなあ。で、いきなり始まりますけど、私は9歳か10歳[10]ぐらいの時、とうとうゲーム買う許しが出たんですよ。

ともこ：これ、もうすごくない、実際。今思うと、超すごい感動じゃない？

英子　：すごい。自分のお金で買いなさいっていうので、お年玉で買いましたけど。

ともこ：そこも格差や。

英子　：なんで誰々ちゃんは買ってもらってるのに、私は自分で買うの？みたいな。

ともこ：出た、小学生あるある。

英子　：あったんだけど。もう背に腹は代えられないみたいな感じで買いました。

ともこ：でも、なんでそれ、ポケモンだったの？

英子　：それはね、誰々ちゃんが持ってたんです。[11]

ともこ：はい、出た（笑）。

英子　：それで、その子が他にもゲーム機持ってたんで、そのルビ・サファ[12]持ってた誰々ちゃんが貸してくれたんだよ。

ともこ：ああ、なるほどね。

英子　：「これ、使わないから今のところやってていいよ」みたいな感じで。その子のおうちに遊びに行ってる間は、もう私専用みたいな感じでやらせてもらってた。

ともこ：なんか、私も家に行ったことある。

10　「9か10歳」と言っているがこのように補った。

11　語尾が聞き取れない場合、この程度なら「です」と補ってよい。

12　「ポケットモンスター　ルビー・サファイア」というゲーム。ルビ・サファはその略称。実際には「ポケットモンスター　ルビー」「ポケットモンスター　サファイア」という2種類のゲーム。ポケモンのゲームは同時に2種類発売され、出てくるポケモンの種類などが多少異なる（ことによって、友達同士などの対戦や通信を促す）のが通例。

英子　：そうそう、あなたも連れて行ったことあるし。

聞き手：英子さんが最初に買ったゲーム機は、じゃあ何ですか。

英子　：<u>ゲームボーイアドバンス</u>[13]ですね。

聞き手：任天堂？

英子　：任天堂です。ポケモンのルビー・サファイア。懐かしい。

ともこ：超やばくない？　今思うとさ、重いじゃん。重くてちっちゃいあんなゲーム機で、最高ですよ、あの作品。音が<u>やばい</u>[14]。

英子　：電池だった。今思い出したけど。

ともこ：そう、あれは電池だった。

英子　：出先で電池が切れる。

ともこ：電源、チカチカする。

（00：06：00）

英子　：今は充電モードがはやってるけど、あの時は電池だったから。でも、電池を持ち歩くっていう概念がなくて。

ともこ：なかった。で、セーブを小まめにするっていうのは……。した？

英子　：結構夢中になっちゃって、プチーンって切れて。

ともこ：切れたことあるよね、何度かさ。

英子　：あるある。<u>色違いとかレアなことがあって</u>[15]、プチーンって切れて。

ともこ：それは、昔あるあるだよね。よく、動作がブチッて途切れて。

英子　：ボタンも、押していくうちに緩くなるじゃん？

ともこ：ねえ。

聞き手：ボタンが何ですか。

英子　：そもそもの電源ボタンとか、あとカセットも読み込まなくな

13　任天堂のウェブサイトでこの表記になっている。「・」を入れるのは NG。

14　やばいが褒め言葉であることに注意。

15　（よりによって）レアなポケモンが出たとき、（捕まえて保存する前に）電源が切れてしまうことがあったという話題。

ってくる。劣化してくるんだと思うけど。

ともこ：劣化。消耗品だ、あれは。

英子　：消耗品だよね、あれ。

聞き手：高いお金を出すのに、消耗品。

英子　：高いお金を出すのに、あれは全然持ちません。今のスマホと
　　　　同じようなものです。だから、ともこちゃんと「昔のソフト
　　　　で遊ぼ」とかやっても、もうソフト自体が劣化してて、読み
　　　　込んでくれなかったり。

ともこ：そうなんだよね。DS は生きてるんだけどソフトが死んでると、
　　　　「あ、起動した」、ブツッ、みたいな。

英子　：ちょっとの振動でプチーンって飛んじゃったりして。

ともこ：でもさ、それは DS がもっと大きくなって LL とか Lite[16]にな
　　　　っても、やっぱり消耗する。友達のは「ごめん、ここのボタ
　　　　ン絶対触らないで。ここのボタンに触れるだけで落ちるから」
　　　　とか。あと、ちょっと曲げると落ちるとか言うの。真ん中の
　　　　上下のつないでるところをちょっと触ったり曲げたりすると、
　　　　ブチッ。あれは彼女の使い方の問題だったのか、そもそも DS
　　　　の良くないところなのか、それは分からないけどね。

英子　：やっぱり、データじゃなくて目に見える物だと消耗するんで
　　　　すよね。

ともこ：でも、それも含めて今となってはめちゃめちゃいい思い出じ
　　　　ゃない？

英子　：まあ、今となってはね。

ともこ：今となっては。当時は地獄だったけど。

英子　：当時、自分のお年玉を全額使って、プチーンって切れちゃっ
　　　　て（笑）。

聞き手：アニメのビデオっていうかアニメ映画のビデオとか買っても、

16　任天堂の携帯ゲーム機名の略称。ニンテンドーDSi LL、ニンテンドーDS Lite。

　　　　　そのビデオテープがだんだん緩くなって映らなくなるみたい
　　　　　な。

ともこ：そうそう。

英子　：そういう感じだと思います。テープって、古いんですけど。

聞き手：すみません、古いんですけど。

ともこ：古いけど、でも聞いたことある。テープ、ここでくるくるっ
　　　　　て巻いておかないとすぐ駄目になるって。

聞き手：じゃあ、かなり長いことそれをやってた？　その一つのカセ
　　　　　ットだけで必死に遊んでたみたいな。

（00:08:59）

英子　：そうですね。他にカセットが売っていることは知っていたけ
　　　　　ど、他に欲しい物もあったんですけど、お金も回らず頭も回
　　　　　らず、「もうこれがあればいいや」みたいな感じで、すごいや
　　　　　ってて。

聞き手：英子さんとともこさんが4歳違い？

ともこ：4歳違い。

聞き手：じゃあ、ともこさんはその頃のことって覚えています？

ともこ：姉、英子さんのを借りて一緒にやってたのは覚えてるんです
　　　　　けど、自分は別にお金を1円も出してないです。それこそ消
　　　　　耗するまでめちゃめちゃ使ったのは私の<u>ほう</u>[17]だと思います
　　　　　よ。

英子　：お下がりですね。

ともこ：そう、お下がりもらった。

聞き手：なるほど。じゃあ、その時はまだカセットも1個でゲーム機
　　　　　も1個しかなかった。

英子　：しかも、時間制限が付けられました。

ともこ：あった。時間帯も、若干決められてない？

17　「方」でもよい。この表記の理由は59ページで説明している。

英子　　：時間帯までは覚えてないけど。

ともこ：でも絶対あったよ。

英子　　：とにかく、昼間やりたかったの。朝起きてすぐやりたかったの。でも、「朝っぱらからゲームするもんじゃありません」って、まず言われ。それから15分だか20分だか、めちゃめちゃ頑張って30分ぐらい、台所のタイマーかけられて。

ともこ：その間に切れたらホント終わりやん。

英子　　：時間ごまかしつつ。

ともこ：出た出た。

英子　　：やってたんですけど。白石母も……。

ともこ：白石母、今では頭柔らかいんだけどね。当時も、あ、ごめん、うそ。

聞き手：どうぞどうぞ、何でも言ってください。

ともこ：普通に固いわ。

英子　　：でもゲーム脳って普通に子供の耳にも入ってきてたから、相当な壁だったと思うんだけど。やらせてほしかったな。

ともこ：子供はそうだよね。新しい物とか、周りがやってるとやっぱりやりたくなるじゃん。流行に乗り遅れるのもあれじゃん。

英子　　：それはある。「学校の友達がみんな持ってるのに、私、持ってない」みたいな。

ともこ：これはもう仲間外れの徴候じゃないですか。「だって持ってないじゃん」みたいな。地獄じゃん。

英子　　：でも当然、私たちが持ってないってことは他の子も持ってない場合もあり、そこまで仲間外れにはならなかったんだけど、でも面白そうだから欲しいっていうのはあって。あったなあ。

ともこ：あったなあ。

英子　　：ともこちゃんのことですごく腹立たしい[18]のは、私が時間制限

---

[18] 「はらただしい」と発音しているが、正しい言葉に直す。この程度の修正であれば〓で処理したり、納品時に発注者に連絡したりする必要はない。

付けられて必死にやっていたのに、<u>あなたはお下がりを延々</u>
<u>とやっていた。</u>[19]

(00:11:58)

ともこ：そう、ずっとやってた。何度も初期化して、何度もやってた。

英子　：擦り切れるまでやったのは。ともこちゃんです（笑）。

ともこ：そうだよね。実際、私が一番最後まで使ってたよね。

聞き手：一番最後っていうと、いつ頃？　4歳とかじゃなくてもうち
　　　　ょっと後までででしょう？

ともこ：4歳とかじゃなくて、もっと大人になって、DSが出てきて、
　　　　もっといろいろバージョンが出てきて。その頃にやっぱり古
　　　　いものをもう一回やりたくなって、古いものをやり、みたい
　　　　なことをしてたから。

聞き手：じゃあ、もう何年もそれをやっていた。

ともこ：うん。

続きは→exercise_4-okoshirei.pdf

> 文字起こしに一つの完全な正解というものはありません。人によって微妙
> に異なるのが普通です。
> ・段落替えや句読点の位置は起こし例と異なってもよい。
> ・表記は起こし例と多少異なってもよい。
> ・この原稿ではケバ取りや整文の加減も例と異なってよい。

---

[19] 4歳の年齢差があるため、1台目のゲーム機をお下がりとして渡した時代に
は既に時間制限が緩くなっていたという話題。

◆包括的な連絡事項を書く

いかがでしたか。本書で最も長い音声です。姉妹対談ということで内輪受け的な部分も多く、分かりにくい箇所もありましたね。この音声では台本を作らず、うちの娘たちのぶっつけ本番のトークに任せました。ほぼ実話ですので、私をモデルにした「白石母」はぼろくそに言われております。ただし、妹をちゃん付けで呼ぶなどは、役作りというかキャラ設定だそうです。

私も初めて聞く話が多かったので、起こし例の作成は難航しました。しかも、ゲーム内でどんな字で書かれていたかが分からない！ ポケモンは、そういえばゲーム内では漢字中心と平仮名中心から表記を選べるはずだから、どちらで表記しても正しいかも。……という私のせっかくの知識も、娘たちに粉砕されました。

「選べるのは○○以降！ △△の時代は、画面が粗くて漢字なんかそもそも表示できなかった」（説明を受けた途端忘れたので、○○と△△は分かりません）。音声の00:45:58辺りでも「当時DSが片仮名か平仮名しかなかった」という発言が出てきますね。正確には数字や英字も表示できたと思いますが。

ポケットモンスターもどうぶつの森も、ネット検索で出てくるのは最近のバージョンの情報が中心です。過去の特定のバージョンでどんな表記だったかまでは、なかなか確認できません。このような場合は、「ゲーム内に表示される言葉の表記（平仮名か漢字かなど）は確認できず、一般的な漢字の表記にしております」などと、**包括的な形で発注者に伝える**という方法もあります。

◆興味が持てないマニアックな話題を起こすコツ

趣味に関する音声は、起こしていて退屈するというか、意義を感じられないことがあります。この音声にさほど苦痛を感じないゲーム好きな人は、マージャン談義でも書道談義でも、何か自分にとっては興味のないマニアックな話題を起こすことを想像してみてください。

自分が興味を持てない音声を退屈せずに起こすコツの一つは、そのテーマに関する知識をあらかじめたくさん持っておくことです。普段から何でも一

応聞いておく、目を通しておく、という習慣をつけましょう。

　私は、過去にゲーム開発者側のインタビューや座談会などを起こした経験がありました。一昔前のゲーム開発の現場、単調でチープな音しか出せず、画面も粗い状況で、なんとかゲームの世界を表現しようと苦闘した体験が語られていました。

　ソフト・ハードの制限を受けつつ必死に作った開発者と、親に迫害されつつお年玉をゲームにつぎ込んだ当時の子供たち。別々のトークですが、両者を合わせて捉えると興味深い気がします。

◆オーラルヒストリーを収集する

　オーラルヒストリーという言葉があります。書物や文書として残っていない歴史的な証言を、歴史の当事者から聞き取って文字化するというものです。

　日本では、歴史を動かすような重要な立場にいた人の証言（を文字化すること）をオーラルヒストリーと呼ぶ風潮もあったようですが、国際的には必ずしもそうとは限りません。私は過去に受注した音声で、アジア圏のある国の人が一般の人からの聞き取り（を文字化すること）もオーラルヒストリーと呼ぶのを聞いたことがあります。

　文字起こしの練習をしたいけど教材が足りない！と思っている方。家族に昔の話を聞いて録音してみませんか。意外な話が出てきて勉強になり、オーラルヒストリーの収集にもつながるかもしれません。

　ICレコーダーを持っていなければ、スマートフォンのアプリで録音することもできます（録音中にスマホに電話がかかってくる可能性がありますので、推奨はしませんが……）。スマホを使う場合は、Dropboxなどのストレージサービスを契約して、録音した音声をスマホで保存し、そのサービスにパソコンからアクセスして、音声ファイルをダウンロードするとよいでしょう。

◆トークの内容から近未来を予測する

　かつて、テレビが一般家庭に普及し始めた頃は、「テレビを見ると頭が悪くなる」と言われたそうです。私が子供の頃は、「漫画を読むと〜」とさんざん言われたものですが、私の世代が大人になると『漫画でわかる○○』と

いう本が出版されるようになりました。

　私の両親の世代だと、4コマ完結もしくは数ページで完結という漫画の形式に慣れていて、何十ページ、時として何百ページ、何千ページも続くストーリー漫画という形式には全くなじめないようでした（「漫画ばっかり読んで〜」と怒られた子供時代、親の理解を得るべく試してみたのですが）。

　ですから私の親ぐらいの世代向けに『漫画でわかる○○』など出版しても無駄だったでしょう。メディアに対する慣れは、世代によって異なるのです。

　そういう観点から今回の音声を聞くと、あと10年たったらどんな社会になるか少し予測できる気がしませんか。音声を聞くとき「次に定着・発展するのはこれかもしれない」という近未来予測的な視点を持つと、なじめない内容も少し楽しくなります。

◆パソコンは家族それぞれに必要

　白石家では子供専用パソコンがあったと音声では語られています。これは在宅で仕事をしたい人には重要な点ですので、念のため記載します。

　自宅で文字起こしの仕事をする際は、必ず自分専用のパソコンを持ち、家族には使わせないようにしましょう。顧客から預かった情報の流出を防ぐため、また家族が荒っぽく使って不具合が起こるのを防ぐためです。

　音声内で娘たちが文句を言っている理由は、私のお古をフォーマットして娘たちに使わせていたためです。かなり型落ちで使いにくかったと思いますが、私の仕事用パソコンを使わせないことは心掛けていました。

　パソコンが何十万円もした時代は、家族共用も多少やむを得なかったかもしれません。しかし今日では、安いものなら10万円未満で購入することができます。え、そんな激安は見たことがない？　それは国産パソコンだけを見ているせいでは？　私は初代（Windows 95の時代）のみ富士通でしたが、その後は全部デルなど海外メーカーの安いのを使っています。特に支障はありません。ただし、安いブランドだとキーボードとマウスが安物（であることが多いの）で、この2つは別途購入しています。

◆研究用の文字起こし

　田中さんは経営学で卒業論文を書くという設定ですが、どうも74〜76ページのメールの内容やこの姉妹対談の進行は、社会学的な路線に寄っているような気がします。まあこういうタイプの人物は、途中で頭を切り替えて、きっちり経営学としての論文にまとめるかもしれませんが（架空の人物について心配しても意味がないですね……）。

　社会学や民俗学の分野では、研究の一環としてこのような聞き取り調査が行われることがあります。この章では卒業論文という設定ですが、研究者からの文字起こし依頼もあります。「その年に承認された研究予算の金額によって、文字起こしの発注本数が決まる」という形で、1つの研究に関する文字起こしが何年も続く場合もあります。

◆チェックリスト

　それでは、原稿を採点してみてください。

☐ ①1人の発言は途中で改行せず1つの段落で入力した
☐ ②話者名が頭出しされる形でWordの書式を設定した
☐ ③約3分に1回、77ページに指定された形式でタイムを記載した
☐ ④粗起こし→聞き直し校正→読み直し校正を行った
☐ ⑤話者を正しく判別できた
☐ ⑥作業中に資料を参照した
☐ ⑦ケバ取りの度合いなどを、最初から最後までほぼ統一できた
☐ ⑧不明箇所の処理方法を決めて、最初から最後まで統一できた
☐ ⑨ゲーム名などをある程度確認して起こせた（全部は無理でもOK）
☐ ⑩若者言葉やネットスラングをある程度正しく文字化できた（例：「思い出補正」「BGM厨」「懐古厨」）

自己採点：計10個のうち☐個正しく文字化できた

チェックリスト①〜③は、書式設定に関するチェックです。発注者から指定された内容を正しく原稿に反映させることができましたか。

　④、長い音声を文字起こししていると途中で疲れてしまいますが、文字化して終わりではいけません。必ず音声の冒頭に戻って聞き直しながら原稿を校正し、最後に音声を聞かず原稿だけ読み直して、句読点の位置を調整したり誤字を直したりを行います。

　⑦について。最初のうちは張り切って、細かく語順を直し、い抜き表現なども直しているのに、長い音声を起こすうちに疲れてしまって、最後のほうは逐語起こしになっている、こういう不統一な原稿はNGです。一つ一つの言葉の処理は文脈に合わせて臨機応変でいいのですが、前半と後半が全く別の原稿のようにかけ離れた雰囲気になってはいけません。

　⑧も同じです。聴取不能箇所に●を使うか他の記号を使うか、確定できなかった箇所を〓で挟むか、赤字にするか、それ以外にするか。そういったことを自分で決めて、守ります。最初のうちは赤字にしたのに後半では〓で挟んでいるといった不統一があってはいけません。ちなみに、田中さんは文字起こし原稿に慣れていませんから、記号の意味が分からないはずです。こういう場合は、納品時に不明箇所の記号の意味を連絡しましょう。

　⑩の例に挙げた「BGM厨」「懐古厨」は、「○○中毒」というような意味です。「中」ではなく「厨」という漢字を使うという慣例は、過去のインターネット上の掲示板のやりとりでさまざまな経緯があって……。長くなるので、調べてみてください。意外なところでは、00:27:36ごろの保育園の友達と「ウェーイ！」、これは「イェーイ！」ではありません。最近は「ウェイウェイする」「ウェイ系」なる言葉もあるのです……。

第5章　講義
動画を見ながら起こす意義とは

・ウェブ会議システムについて知っておこう
・動画を見て話者の言い間違いに気付こう

　この章では、**ウェブ会議システムで録画された動画ファイル**を起こします。内容は講義です。講義や講演は、資料を別途渡されても、音声を聞いたとき資料のどのページを説明しているのか判断できないことがあります。その点、動画で、しかも画面内に資料が映っていれば一目瞭然です。

　逆に、**映っている（見れば分かる）ことを確認しないのは不手際**ということになります。

◆在宅勤務の拡充でウェブ会議システムが普及した

　本書を執筆している2020年は、新型コロナウイルスの感染拡大に伴い、多くの会社や役所で急きょ**在宅勤務体制**が導入されました。チャットツールやビデオ会議システムが普及しました。

　ビデオ会議システム、**ウェブ会議システム**、**テレビ会議システム**、**リモート会議システム**と、さまざまな呼ばれ方がされていますが、同じものです。**システム**とか**ツール**とか表現されますが、それも同じです。

　本当なら2020年夏は東京オリンピックが開催されるはずでした。「オリンピック期間は、電車の混雑や道路渋滞を避けるため会場周辺の企業はできるだけ在宅勤務を」と要請されていましたから、コロナが感染拡大しなかったとしても、（都心の企業だけだったかもしれませんが）リモートワーク体制は必要だったと思います。

◆よく使われるウェブ会議システムの名称を覚えておこう

　ウェブ会議システムは、相手と対面しなくても、インターネット回線を経由して、パソコンに接続した**マイクとカメラ**で自分の声と姿を送り、パソコンの**スピーカー**（または**ヘッドホン**、**イヤホン**）と**パソコン画面**で相手の声や姿を受

け取れるものです。

　2020年夏時点でよく使われているウェブ会議システムとして、Zoomビデオコミュニケーションズの「**Zoom**」の他、Microsoftの「**Teams**」やGoogleの「**Meet**」などがあります。

　この章で使うファイル「exercise_5.mp4」は、動画ファイルMPEG-4形式の動画ファイルです。Google Meetで録画して編集したものです。

　「exercise_5.mp4」は1名のトークですが、他の人たちがこのトークを視聴しており、トーク後にはその人たちとの質疑応答も行われるという設定です（質疑部分は収録されていません）。

　他に、LINEやSkypeのビデオ通話機能も打ち合わせ用途で使われることがあります。

◆動画を見て話者の言い間違いに気付こう

　この章では、「不慣れだけど頑張ってウェブ会議システムを使い、頑張って録画してみました」という感じの動画を起こします。

　音声のみを聞けば不自然ではないけど、動画を見ると明らかに言い間違いであることが確認できるという箇所があります。言い間違いの処理について発注者に伝えるための、連絡事項の書き方も学習しましょう。

　動画ファイルは、Windowsの場合ならWindows Media Player（メディアプレーヤー）などで再生できます。しかし、今回の動画は言い間違いが多く、直前から（数秒前から）もう一度聞いて確認したいという箇所が多々あるはずです。メディアプレーヤーをマウスで操作するのは、数秒前に戻すという操作が困難なため推奨できません。

　文字起こし用の再生ソフトでは、音声を停止してまた再生すると、止めた箇所の数秒前から自動的に再生される機能があります。「自動巻き戻し」「停止時の自動バックステップ」など名称はソフトによってさまざまであるため、私は「**ちょっと戻り**」の機能と総称しています。

　言い間違いの多い案件は、「**ちょっと戻り**」機能をフル活用して何度も確認すべきです。無料の文字起こし用再生ソフトは「ちょっと戻り」機能はあるも

のの、ほとんどは動画を再生することができません。動画を再生できて、しかも「ちょっと戻り」もあるソフトウエアとしては、Express Scribeのプロ版（有料。11ページ参照）ということになります。

◆動画ファイルから音声を抽出する方法

Express Scribeプロ版を使わずに動画ファイルを文字起こしする場合は、次のような手順で作業します。

①動画ファイルから音声を抽出し、MP3ファイルとして保存

②MP3ファイルを文字起こし用再生ソフトで聞きながら文字起こし・校正

③動画ファイルをメディアプレーヤーなどで再生しながら最終確認する。

手順①は、音声変換・抽出ソフトをインストールして作業します。私はAny Audio Converterという無料の音声変換・抽出ソフトを使っています。動画からの音声抽出の他、動画のファイルサイズを縮小するのにも使えます。

変換作業がうまくいかない人のために、今回は、動画ファイルから音声を抽出したMP3ファイルも収録しています。

声の出演は私ですが、非常に言い間違いが多いです！ 音声ファイル先行で作業する場合は、マウス操作が大変とはいえ③の工程を念入りに行ってください。

◆連絡事項の一般的な書き方

Wordのページ、タイム、発言内容、文字化の状態を記載します。

例）音声はありません

①直さない場合の連絡事項

P14　＝高度＝（00:48:25）

発話は「高度」ですが、文脈からは「中度」かと思います。発言のまま＝を付けました。

原稿

A　低度、中度、高度と分けるとどうですか。

B　低度ですと25〜35％ほど、＝高度＝（00:48:25）ですと40％台、高度ですと60％台後半から70％ちょっとでございます。

---

②直した場合の連絡事項

P14　＝中度＝　(00:48:25)

発話は「高度」ですが、文脈からは「中度」かと思います。「中度」と直し、念のため＝を付けました。

原稿

> A　低度、中度、高度と分けるとどうですか。
>
> B　低度ですと25〜35％ほど、＝中度＝　(00:48:25) ですと40％台、高度ですと60％台後半から70％ちょっとでございます。

　大きい文字起こしの会社では、最初に渡されるマニュアルに、言い間違いに気付いたときの処理方法も記載されています。

　それ以外の発注者の仕事で言い間違いを直すか直さないかは、事実上、発注者との信頼度によります。発注者に**「余計なことをするな」**と思われそうなら直さず①の形で連絡し、直すかどうかの判断を先方に任せます。発注者が**「直してくれたんですね、助かります」**と言ってくれそうなら②の形で、直して連絡します。

　また、**明らかに間違いだが正しい言葉が分からない**という場合も、直さず連絡します。

　人名などをネット検索で調べた場合、**調べたウェブサイトのURLを付記**して連絡することもあります。

　では、exercise_5を起こす際の目標を設定しましょう。

exercise_5 を起こす際の目標

　①動画の画面で、トークの内容を理解して起こす

　②動画の画面で、トークの明らかな間違いに気付き、●や＝で処理する

　③トークの間違いについて納品時の連絡事項を的確に書く

【起こし方の仕様】

音声の内容：講義。

資料：なし。（動画内に映っている）

話者名の立て方：話者名が分かれば「姓　」、分からなければ「Ａ　」など。

本文の入力方法：

・発言が長い場合は適宜段落替えし、新段落の冒頭に全角空白1個を入力。

表記：共同通信社『記者ハンドブック』に概ね準拠。

数字、英字：数字、英字は全て半角。アラビア数字は万以上で単位語を入れ、位取りコンマを入れる。％は半角数字に付く場合も全角。

不明処理など：

・聞き取れない部分→文字数にかかわらず●（黒丸記号）1個を入力。

・確定できない部分→文字列の両端に〓（下駄記号）を入力。

※いずれも該当箇所の後ろにかっこでタイムを（00:00:00）の形で記載。

〓で挟んだ言葉で同じものが複数出てくる場合は、初出のみにタイム記載。

修正処理など：

・ケバを取り、軽く整える。

・倒置表現は直す。

・多少の語順の変更や重複表現の整理等は行ってよい。

・単純な言い間違いは連絡や〓処理なしに変更してよい。

・それ以外は〓を付けて処理し、納品時に連絡。

やってみよう！

))) 動画 〈ダウンロード教材〉exercise_5.mp4　22分32秒

（動画から音声を抽出したファイル exercise_5.mp3）

文字起こし原稿以外に、連絡事項も書いてみましょう。

起こし例は次ページから

A　次にこれです。1人ではなくて何人かのを[1]合体したものなんですけれども、いろいろありましたね。

　　まず、上の＝タイトルバー＝（00:00:15）[2]。「お得意先」というのはちょっと、私たちは普段、課[3]の中で言っていますけれども、「顧客名」ぐらいにしたほう[4]が格好よくないですか。ここでやるのはやめて、同じものをもう1個作りましょうか。顧客名、売上、比率[5]ですね。

　　それから、この売り上げ[6]を小さい順というのが非常に美しくないと思うんです。私たちにとって、この数万円の売り上げというのは意味のあるデータですよね。今までたくさん出してくれていたお客さんがこれを最後に出してくれなくなってしまったとか、逆で、今期初めてお試しで出してくれたお客さんがいるから[7]、これからいろいろと頑張って働き掛けていこうみたいな。うちの課の中ではそういうことがあるけれども一般的には、普通このデータを上から見ていってそんなに

1　「まあ」は口癖的によく出てくるため、ある程度削除。「1人の人」「何人かの人」はいずれも重複表現であり変更した。「1人ではなくて何人かの○○を」と補うほうが分かりやすいが、○○に何を選ぶのが適切か判断しにくい。

2　表の「タイトル行」の言い間違い。「直さず＝で挟み、納品時に連絡する」「タイトル行に直して＝で挟み、納品時に連絡」どちらでもよい。

3　音声のこの段階では、「か」が「課」と推測はできるが確定しにくい。音声後半になって「事業部の発表」という言葉が出てきており、事業部内の部署名「課」だろうということが判断できる。

4　「方」でもよい。「ほう」という表記の理由は59ページを参照。以下同様。

5　連続して発話されているため「売上比率」と文字化しがちだが、Excelの画面を見ると「売上」「比率」という別々のセルを指すことが分かる。

6　「なんかこの」だが「なんか」は口癖的によく出てくるため、ある程度削除したほうがよい。「売り上げ」は送り仮名を付ける一般的な表記としたが、Excelの「売上」という列を指すため「売上」としてもよい。

7　発音がはっきりしないが、この程度ならこのように補ってよい。

面白くなければそれ以上、下までは[8]読まなくなってしまいますよね。そういう意味では、ずいぶん小さい売り上げが並んでいるな[9]という感じ。

　ちょっとこれは並べ替えましょうか。上から売り上げの大きい順。こんな感じです。そうすると、この会社は 1,300 万の売り上げがあった。それで、760 万、680 万[10]。そういう売り上げが上位だということが分かります。

　その次。ここの半分近くが比率 0%と書いてあるんですけど。ちょっとこれもあまり美しくないので、ここを変えたいと思います。セルの書式設定、Ctrl＋1[11]ですけど、ちゃんと呼び出していますか。ショートカットキーはどんどん使ってくださいね。それで、小数点以下の桁数を 1。これで 0.1%なのか 0.3%なのか、そういうことが今ここで表示されました。

　それからここの顧客名ですけれども、今私は、これは他の研修にも使うかもしれないと言われたので……、ちょっと大きくしますね、意味のないアルファベットの羅列に変更してしまいましたけど、皆さんの手元には正しいお得意先の名前があるわけですよね。それを見て、明らかにおかしいデータがあるということに気付きましたか[12]。

　これは、謎の名前にはなっているけれども、この 11 行目と 20 行目の顧客名が実は同じお客さんなんです。別々にカウントされている。この(株)[13]のマークになっているのと株式会社何々になっているので、

8　「以上下」が上下と誤読しやすい。また「以上」は「上」であり、「下まで」とイメージが合わないため、「それより下までは」と置き換えるのも一案。ここでは「それ以上」で「、」を入れて表現を区切った。

9　伸ばしているが「いるなあ」「いるなー」「いるなぁ」とはできるだけしない。

10　間の言い間違い部分を削除。

11　発話は「こんとろーるいち」だが、ショートカットキーは一般にこのように書く。

12　倒置を直す仕様であるため、「明らかにおかしい〜」を前に移動。

13　画面を見ると本当は㈱という組み文字だが、組み文字は使わないほうが無難（PC 環境によっては文字化けする危険があるため）。次ページも同様。

別のお客さんだというふうに Excel 上でカウントされているわけです。本当はここが 120 万とこっちが 13 万、これを足した金額だから、この10 行目の会社[14]よりも上に来るはずですよね。こういうことをしているのは、データとして全くなっていないです。

　よく見ると、法人格の名前、何々株式会社とか国立研究開発法人とか一般財団法人とか、こういうものを法人格名と言いますけれども、そこの後ろにすぐ会社名を持ってきているものと、全角空白、半角空白が入っているものがあります。それから、株式会社も「株式会社」と書いてあるものと、この(株)の組み文字というか 1 文字でこれになっているのとか。これは半角かっこと株を組み合わせた字ですね。こういうものもふぞろいになっています。

　うちの会社の経理システムでは、そもそもお得意先の名前は入力しないことになっているはずなんですよ。そこのところは皆さん統一できていますか。見たところ統一できていないんだろうと思うけど。リストから選ぶということになっているはずなので、新しいお客さんができたときはリストに追加する。それぞれ毎月の記録は必ずリストから選ぶ。これは徹底してください。今、このばらばら加減を今日中に、これの最終担当者は調整してくださいね。

　というわけで、顧客名がばらばらなのとここら辺を直さなければいけないけれど、取りあえずここまで作った段階で、よくあるグラフ化。皆さんので見た感じですけれども、こんな感じです。バージョンによると思うけど、Excel の初期状態で「じゃあ円グラフで」と指定すると、こういうグラフができます。

　どこを強調したいのか、よく分からない[15]ですよね。まず、配色が良くない。ここら辺の細いところ[16]が強調したいところなのかと思うと、比率的にはごく小さいし。ここのグレーのところは上から 3 番目の、

14　「この会社よりも上に来るはずですよね、10行目の会社よりも」という発言だが倒置表現を直す。

15　発話は「どこを強調したいんだか、よく分かんない」だがやや整えた。

16　平仮名にしているが本来は「所」が正しい。以下同様。

比率の大きいお客さんのようだけれども、グレーになっているせいで
ちょっと弱く見えてしまっている。何よりいけないのは下に凡例[17]を表
示していて、しかもそれが何%なのか、何万円なのかということはど
こにも読み取れない。この、下に凡例というのは、本当にどれがどこ
に当たるのかが見づらいので、できるだけ避けたいグラフの作り方で
す。

　それに気付いた人が作ったグラフがこんな感じ。もう引き出し線が
多過ぎて、どこがどれかよく分からない。　応パーセンテージは書い
てあります。ここら辺なんか引き出し線がクロスしてしまって、どっ
ちが先なのかちっとも分からないという感じですね。

　こういうグラフを作るのが間違い。少なくとも何を見てほしいか分
からない。これはどうしたらいいんでしょうか。まず考えられること
は、この辺の小さいところがどうせ 0%、0.1%とかそんなもの[18]なの
で、ここにその他というものを作るという名案があります。

　上位 5 社ぐらいあればいいですかね。ここら辺が[19]上位 5 社ですけれ
ども、これをよく見ると、上位 5 社というふうにしゃくし定規に覚え
るのはすごく浅はかだということが分かります。なんとならば[20]、6 社
目が 5 社目とほとんど変わらないんです。5 万円ぐらいしか差が付い
ていない。こっちを落としてしまうというのは非常に問題ですね。だ
から、上から 6 社までを入れて、その次の 7 社目は、こんな感じです
けれどもその下のものを全部足し算して、オート SUM[21]でやっています。

17　「判例」「反例」などの誤字に注意。

18　発話は「0%とか0.1%とか」と、2つの数字を並列するかのように表現して
いる。しかし、ここまでのトークの内容では、当初は一律「0%」の表示だっ
たものを0.1%など小数点第1位までの表示に変更している。「0%とか」と言い
かけて「0.1%とか」と言い直したとも解釈できるため、このようにした。

19　この前で、セルを選択しながら「1、2、3、4、5」と言っているが、独り言
と見なす（起こさない）。

20　「なぜならば」と同じ意味だが、正しくは「何となれば」であると思われ
る。ここでは発言のまま文字化した。

21　入力されている計算式を画面で見せており「SUM」であることが分かる。

この場合は、オート SUM を使った場合でも計が、全社別々に入れるのと同じ金額になっているかは必ず確認すること。それから、比率を計算した後も元の＝グラフ＝（00:08:37）[22]が足して 100％、こっちの＝グラフ＝も足して 100％になることをちゃんと確認すること。これは大事です。

　タイトル行と集計行に色を付けてみたものが、こちらの上の＝グラフ＝になります。これをよく見てもらうと、それ以外にもちょっと細かいことをしているんだけど、分かりますか。普通の罫線[23]を縦横に、よくこんなもので引きますけれども、縦横普通の罫線で引いたものがこの＝グラフ＝。こっちは途中の横線を極細の線にしているんですね。どんなふうに皆さんのところから見えるかな。点々みたいに見えるか、ちゃんと細線に見えているか分からないですけれども。これも[24]こんな感じで、普段の罫線はこれ。ここの途中の線を選んで、この「なし」の次の線を選ぶと、この細い線になります。これでちょっとすっきりする感じですね。

　それから、色もオートでやってしまわないで……。挿入でグラフ[25]。私のやり方も必ずしもいいとは思わないけど。普通にやると出てくるのが、このいろんな色のグラフですけれども。それからこの下に凡例が出てきて、これもうっとうしいという感じですかね。タイトルも、今回[26]の設定ではパワーポイントのほうに大きくタイトルを付けるの

---

[22]　「数表」または「表」の言い間違い。その後にも同じ言い間違いが続く。しかし、話者は動画の中で「数表」や「表」と言っていないので、どう言いたかったが推測できない（「表」の英語である「テーブル」などもあり得る）。そのため、ここは直して＝で挟む処理は使えず、＝グラフ＝として納品時の連絡事項を書く。

[23]　Excel では「罫線」なので合わせたが、『記者ハンドブック』では「けい線」。

[24]　手前で、太字になってやり直したり「よいしょ」とも言っているが、取り消しと見なす（起こさない）。

[25]　ここからは正しい意味の「グラフ」なので＝不要。

[26]　1行前に「今回、」といったん言っているが重複するため、1行前の「今回」を削除してこちらを生かす。

で、ここはなくていいです。この配色は、グラフのデザインというところで、色の変更ができるので。今、カラフルというのが選択されています。これをモノクロにすると、重要な[27]ところから濃い順番になってくれるので、これはどこを見てほしいというのが比較的分かりやすいです。この緑なんかもいいですね。こんな感じで作っていきます。

　例えば緑とかにして、「データラベルの追加」。書式設定に「分類名」と「パーセンテージ」。パーセンテージって普通何で出すんだっけ。ちょっとここは忘れたので、皆さんで調べてください。パーセンテージにこの小数点 1 位まで付けようかと今一瞬思ったんだけど、例えばこの一番大きいお客さんが 28.0、その次が 15.9 みたいに表示しようと思ったんだけど、今表示する仕方を忘れたので……。ここで、1 でいいのかな。何か間違えていますね。すみません。私のやることはこの程度なので、ここは皆さんでやってみてください[28]。

　それで、もうちょっときれいにやって[29]いるのがこっちです。ちょっと字も太くして、分かりやすくしています。

　ちょっとこれが退屈だなと思った人が、もっと立体的に今っぽいグラフを作りたいと思ってよく作ってくるのが、こんな感じのグラフです。3D グラフというやつです。でもこれは、今回は社内の事業部の発表に使うものなので、少なくとも社内用としては絶対 3D は使わないでください。インターネットで「3D グラフは何がいけないか」みたいなことを検索してみると、理由は得々と、たくさん出てくるので検索してみてください。

　まず一つ言えるのは、3D というのは視点[30]の位置と方向がある。そ

27　直前の「濃い順番から」は、ここから説明し直しているので取り消しと見なす（起こさない）。

28　この段落は、言い間違いや取り消しなどが非常に多いので、起こし例と異なってもよい。

29　「やって」が聞き取りにくい（ほとんど発音されていない）が、今回の仕様では、この程度は補ってよい。聞き取れる範囲で「きれいにいるのが」として〓で挟む処理でもよい。

30　「見る」話なので「始点」「支点」ではない。

れ故に、どっちから見るかということによって遠近感が付いてしまって、適切ではない強調がされてしまうということがあります。例えばこの上位 3 社で、ここら辺の 2 社は 14%、15〜16[31]%なのですが、奥にある 28%とそんなに違わなく見えませんか。本当は倍ぐらい違うのに[32]、思ったほどは差がなく見えてしまいますよね。これは、手前にあるものは遠近法で大きく見えて奥にあるものが小さく見えてしまうという、視覚のマジックです。

　これを悪用すると、本当はこの奥が一番大事な会社なのに、「この手前のここやここが狙い目ですよ。ここに投資するとがっぽがっぽ、ウハウハもうかりますよ」みたいなことに悪用できたりするので、この遠近法が付いてしまうような 3D グラフは使わないほうがいい、そういう理由です。

　さてそこで、こっちの普通の円グラフのほうがいいということは分かったけれども、円グラフで良かったのかという問題がもう一つありますよね。円グラフというのは比率を表すものなので、この一番大きいお得意さんがうちのほぼ 3 割を占めているということは、このグラフから読み取れます。だけれども、売り上げが 10 万あるうちの 3 割なのか、それとも 3 億円[33]、10 億円あるうちの 3 割なのかによって、3 割といっても全然違うじゃないですか。そういうときに、比率を表さないで金額の絶対値を示したいときに必要なのは、本来は横棒グラフか縦棒グラフですよね。

　これも作ってみて、初期状態ではこういうものができてしまうので、

31　「じゅうごろく」は『記者ハンドブック』では漢数字「十五、六」を使い「15、6」は使わないとされている。しかし、直前の「14%」とのバランスが悪いため、このように表記した。本来は「〜」は幅のある数字（「15〜20人」など）に使うとされており、隣り合った数字は「、」を使うとされている。

32　倒置を直す。

33　「3 割」との混同で「3 億円」と言い間違えたものでそれを「10 億円」と訂正した、「10 万円」との対比であれば「10 億円」が正しいとも考えられる。決め手がないのでここでは「3 億円」を起こしたが、起こさないという判断でもよい。

「なんか貧弱じゃないの？」というふうに思えて、それで「やっぱり円グラフのほうがいいか」と思ってしまった人が結構いたかもしれないですね。でも、これも初期状態でそのまま放置しようと思うからこういうふうになるのであって、私がうまいとは思わないけど、結構これも自己流で作っていますけれども、この右のグラフぐらいまでには見せることができるんですよ。こっちだったらちょっとインパクトがあって、いい[34]と思わないですか。

　ちょっとこれも一緒にというか、今ここで一回やってみますね。これで、挿入で、グラフを横棒グラフにしたい。こんな感じで、例によってタイトルは消して、凡例も消して。何となくこれは、上に目盛りがあるほうが下に付いているよりは見やすいと思うんです。なので軸を反転させます。軸を反転するときは、こっちの軸を選ぶのではなくてなぜかここの軸を選んで、「軸の書式設定」、「軸を反転する」。これで上に目盛りが付いて、あと、ここのお得意先名[35]も大きい会社が上に来ます。どうしてもその他とか小さい会社が上に来ると、人間の目は上から見るものなので、必ず上を大きい会社にするようにしてください。こんな感じですね。

　それで、3Dはさっき駄目と言いましたけれども、これが何か単調だと思うときは、これに影を付けることだったらできるんですね。私のは、内側で右と下に付くという影になっています。これは自分でいろいろと試してみてください。

　それから系列ですけれども。これですけれども、要素の間隔が空き過ぎているのがそもそも問題なんだと思うんです。これをまずいろいろ試すこと。もっと少なくてもいいかなとか。こんな感じ。それから、系列の重なりの数字もいろいろ試すと面白いです。こんな感じですか

---

34 「あっていいと」だと違うニュアンスに読み取られてしまうため、読点「、」が必要。

35 直前に「会社名」と言っているが、この課は国立研究開発法人や一般財団法人など「会社法人」でない顧客も多いことから、ここでは「お得意先名」と言い直したと見なした。「会社名、お得意先名」でもよい。

ね。だいぶ最初のグラフに比べて格好よくなってきました。それで、ここを大きい、もうちょっとパワーのあるフォントにしたいですね。今これになっていて、9 ポイント[36]ですけれども、私は普段何を使っているかな、HG 何とかを使っているかな。HG ゴシック[37]。12 ポイントぐらいはいっていいんじゃないですかね。こんな感じ。

　それでこっちは、今でさえ数字が大きくてろくに表示できていないという状態なので、これで字を大きくしたらほとんどよく分からなくなってしまう。こういう場合の名案というか、そもそもこの桁数だとぱっと見て何桁ある数字なのかということがよく分からないので、こういう場合に便利なのが表示単位を「万円」にする[38]という。これだと 1,200 万と 1,400 万の間だから、まあ 1,350 万円ぐらいか？と思って見ると、実際 1,340 万なのでいいですよね。こんな形で、「万」というか「万円」ですよね。かっこもしたりして。こんな感じにすれば、ここをもうちょっと大きくて強いフォントを使えるということですよね。これで同じく 12 ポイント[39]とか。

　こんな感じにすると、この最初のグラフに比べてだいぶ見やすくなります。

　もちろん縦棒を使うという手もあるんですけれども、縦棒も同じくこんな感じです。今回は特に、顧客名をランダムなアルファベットにしてしまったので、これを縦にするとあまりきれいじゃない、こんな感じですね。実際の顧客名はこうではないわけだから、それは縦棒でもいいかなと思います。同じく、この貧弱系なグラフを作り直して、単位を万円に変えたのがこんな感じです。

36　「これ＝9ポイント」と解釈して「今9ポイントになっていて」と文字化するのはNG。動画を見ると、「これ」は「フォントの種類」、「9ポイント」は「フォントサイズ」、別々の事柄を指している。

37　「HGゴシック」と発話しているが、画面を見ると、選択されているのは「HGPゴシックE」というフォントである。「HGゴシック」のグループであることは事実なので、■や納品時の連絡は必要はない。

38　表示単位で「万円」を選ぶ機能がないExcelのバージョンもある。

39　「12ポ」と略語で発話しているので「12ポ」と文字化してもよい。

こういうのを作り直すということについて、今私はくどくど言っていますけれども、皆さんよく読んだり聞いたりしたことがありますよね。これは事業部の次回の発表に向けて資料を練習していますけれども、「そんな社内向けの資料を作るのに時間をかけているから、日本の会社の生産性は上がらないんだ。そんなことよりももっと顧客を回れ」みたいなことがよく、ビジネス本にも書いてあるし、ネット上の記事とかにも書いてあります。

でも、ちょっとここで考えてほしいのは、この初期状態のグラフを作るぐらいだったら、このぐらいのことは誰でもできるんですね。皆さん、年次の浅い人はまだ覚えていると思うけど、最初に「Word、Excelの基本はできますね」みたいなことを面接で聞かれて、「基本的なことは一通りできます」とみんな答えて入ってきたはずなんですよ。

その後、ここで年数を重ねているのに、大学生とかが作れたグラフのままで進歩していないというのは問題なんじゃないですか。お客さんにもこの資料[40]を持っていくことがあるのに、お客さんにどこを見せたいか分からないようなグラフを作っているのは、ちょっと問題なんじゃないですか。このぐらいのことは慣れれば本当にすぐできるものなので、この機会に練習して慣れてほしいと思います。自己研鑽（けんさん）を積んでほしいと思います。

ここで「いつでもいい」とか「1週間後でいい」と言うと、また仕事に紛れて進まなくなってしまうので、これは簡単なことなので今日中にはちょっと厳しい？　じゃあ、あしたの正午までに作り直したものをもう一回提出してください。

じゃあ、ここからパワーポイントの作り方のほうを取り上げますね。

文字起こしに一つの完全な正解というものはありません。人によって微妙に異なるのが普通です。
・段落替えや句読点の位置は起こし例と異なってもよい。
・表記は起こし例と多少異なってもよい。
・ケバ取りや整文の加減は起こし例と多少異なってもよい。

---

40 作成した売上一覧のことではなく、一般論としてグラフの入った資料を持っていくことがあるという意味。「この」を削除してもよい。

◆目標の達成度は？

　いかがでしたか。言い直しされた言い間違いがあるかと思えば、言い間違いに話者が気付いていない言い間違いもあり、Excelの作業ミスも多く、起こしがいがある動画でしたね。声の出演は私です。これでも大まかな原稿を作成し、しゃべる練習も一応したのですが、すみません……。

　救急車のサイレンも録音されている！　私が勤務しているサテライトオフィスは近くに救急病院が2つもあるので、救急車がしょっちゅう通るのです。

　目標は次の3点でした。

　①動画の画面で、トークの内容を理解して起こす

　②動画の画面で、トークの明らかな間違いに気付き、●や＝で処理する

　③トークの間違いについて納品時の連絡事項を的確に書く

　①は大丈夫だったと思います。音声だけでは何をやっているか分かりにくい箇所も、動画を見れば少なくとも話者が何を実演しているか（もしくは何を失敗しているか）は理解できます。

　②と③は連動しています。間違いに気付くという②がないと、連絡事項を書く③に結びつきませんが、話者の言い間違いに気付いたでしょうか。

　連絡事項は例えば次のように記載します。これ以外も必要に応じて連絡事項を書きます。

　ここでは、書籍内のページ数や行数で記載しています。一般にはWordのA4サイズで原稿を作成し、そのページ数や行数で記載します。

連絡事項の例

> ・P97　＝タイトルバー＝　（00:00:15）
> 動画を見ると表の1行目を指していますので、「タイトル行」かと思います。発話どおりに入力して＝で挟みました。
> ・P101　＝グラフ＝　（00:08:37）
> 動画を見るとグラフでなく表（数表）を示しています。発話どおりに入力して＝で挟みました。同じページ10行目までの＝グラフ＝はいずれも同じです。同じページ16行目以降の「グラフ」はグラフを指しています。

◆パソコン用語の表記

　パソコン用語やExcel用語は、この原稿では一般的な表記を使いました。例えば「こんとろーるいち」という発話を「コントロール1」と表記せず、「Ctrl＋1」という表記にしました。ショートカットキーは一般にこのように記載されるからです（Ctrlキーを押しながら数字1のキーを押すという意味）。

　文字起こしはパソコンを使う仕事ですから、日頃からパソコン操作に慣れましょう。例えば文字起こし作業中は、ときどき保存のショートカットキー「Ctrl＋S」を使ってください。いちいちマウスに持ち替えて上書き保存のアイコンをクリックするよりもスピーディーです。

　文字起こしを仕事にすると、請求書作成などでExcelを使う必要もあります。請求書は表の形で作成することが一般的ですが、全部同じ太さのけい線を使わず、このトークにあるようにけい線の太さを使い分けるとすっきりした表になります。動画内ではけい線の太さまでは分かりにくいですが、数表内部の横線は一番細い実線を使っています。

◆音声認識 AI は音声と動画を照合できない

　文字起こしのセミナーなどで講師をすると必ず受けるのが、「音声認識AIの進化で、文字起こしの仕事は消滅してしまうのでは？」という質問です。しかし、現在の音声認識ソフトは、動画の画面との照合まではしてくれません。明らかに数表を示しながら「グラフ」と言っているという大間違いに、音声認識は気付くことができません。

　ちなみに、句読点も今のところ音声認識の苦手項目です。全く表示されないか、句読点が入るとしてもトークで間が取られているところに入ります。この音声のように、Excelを操作するためにトークに間が空きがちだと、不要な箇所に句読点が多く入る原稿になりそうです。

　ということは、動画の画面との照合ができる、的確に句読点が打てる、などは人間の強みということになります。

　「はじめに」でも書いたように、今のところはむしろ音声認識のおかげで文字起こし案件は増えている印象です。

　それでは、原稿を採点してみてください。

☐話者名は出てこないので、仕様書に従い、話者名を「A　」と立てた

☐00:00:15 ごろの「タイトルバー」という発言が誤りだと気付いた

☐上記に関して〓タイトルバー〓と入力して納品時の連絡事項を書いた、
　または〓タイトル行〓と直して納品時の連絡事項を書いた

☐00:00:38 ごろ　顧客名、売上、比率　もしくは　顧客名・売上・比率　と
　文字化できた（「売上比率」という連続した言葉にはしなかった）

☐00:08:37 ごろ〜00:09:12 ごろの「グラフ」という発言は誤りであること
　に気付いた

☐上記に関して〓グラフ〓と入力して納品時の連絡事項を書いた

☐独り言や言い間違いなどをある程度整理して起こせた

☐パソコン用語や Excel の用語を正しく文字化できた

☐Excel の操作内容をある程度理解しながら起こせた

☐動画を見ながら起こした、または音声で起こして校正時に動画を十分に
　参照した

自己採点：計10個のうち☐個正しく文字化できた

※動画の中に、顧客名が多い場合は「その他」にまとめるという件に関して、
「上位5社というふうにしゃくし定規に覚えるのは浅はか」という発言があり
ます。要は臨機応変に判断するべきだという意味です。

　文字起こしのケバ取り・整文などもしゃくし定規に覚えないようにしまし
ょう。Xには必ずaを代入するというような数式は存在しません。例えば「と
か」は全て「など」に変更という覚え方は有害です。「とか」には列挙、伝
聞、曖昧化など、さまざまな使われ方があるからです。

　文脈によっても最適な処理方法は異なりますし、判断の個人差もあります。
起こし例と自分の原稿が多少異なっても、言葉の意味や発言の文脈を考えて
処理したのなら問題ないことがほとんどです。

◆ウェブ会議システムの録音・録画機能

　文字起こしの仕事をしていると、録音や音声・動画ツールに関する知識もプロだと思われて、顧客からウェブ会議の録音や注意点について質問されることがあります。ポイントを記載します。

　ウェブ会議システムは、システムに録音または録画の機能が組み込まれているものが多く、別途ICレコーダーで録音するといった手間がかかりません。

　ただ、録音ファイルや録画ファイルはウェブ会議システム側のサーバーにいったんアップされ、それをユーザーが自分のパソコンにダウンロードして保存する形になります。**会議内容が外部のサーバーに保存されるのは良くない**（情報漏えいの危険がある）という考え方もあります。システムの録音または録画機能を使わない場合は、スピーカーの前にICレコーダーをセットして他の参加者の声を録音、自分の声は直接録音という方法もあります。

この方法でクリアに録音されるとは限りません。基本的にはシステム側の録音・録画機能のほうが確実です。

　ウェブ会議は、参加人数が2、3人だと問題ありませんがそれ以上、例えば10名以上が参加する場合は声が途切れたりすることがあります。回線に負荷をかけないために、**発言者以外はマイクをミュートにすることや、カメラをオフにする**ことが対策になります。

　ウェブ会議システム各社は、大人数が参加しても快適な通信状態が保てるよう開発を進めています。1000人まで参加できる料金プランなども発表されています。しかし、ウェブ会議の**通信状態は個々のインターネット回線の状況にも影響**されます。例えば自宅マンションからウェブ会議に参加する場合、マンションでは複数の世帯が1つのインターネット回線を共有していることがあります。大勢がウェブ会議中やオンライン授業中だと回線が逼迫して、声が途切れたり遅延したりすることがあります。

「ウェビナー」という言葉も登場しています。ウェブセミナーの略で、インターネット上で配信されるセミナーを自宅などから聴講できる方式です。eラーニングの形式の一つとして以前から存在しましたが、新型コロナウイルスの感染拡大に伴って開催も増えているようです。

◆内蔵マイク、マイク付きイヤホン、ヘッドセットマイク

　ウェブ会議に必要なのは、マイクやカメラ、そして相手の声を聞くヘッドホンまたはイヤホンです。

　ノートパソコンにはスピーカー、カメラ、マイクが内蔵されていることがほとんどですから、直ちに使えて手軽です。回線状態が良く参加者が少なければ、このような**内蔵マイク**で十分です。

　人数が多い場合や回線状態が良くない場合は、マイク付きイヤホンかヘッドセットマイクを使いましょう。スマホの通話などに使われる**マイク付きイヤホン**は、口元にマイクが来ないため若干音質が不明瞭になることがあります。最もクリアに録音されるのは、**ヘッドセットマイク**を使う場合です。口元から5センチ程度離れた位置にマイクが来ることで、声がよく拾われます。

マイク付きイヤホンとヘッドセットマイク

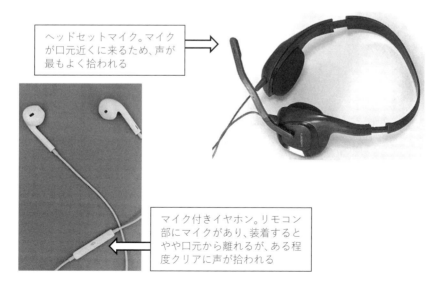

ヘッドセットマイク。マイクが口元近くに来るため、声が最もよく拾われる

マイク付きイヤホン。リモコン部にマイクがあり、装着するとやや口元から離れるが、ある程度クリアに声が拾われる

第6章 ディスカッション
音質の悪い音声を加工する方法

・聞き取りにはアンプ内蔵スピーカーが便利
・音声の特殊処理、サウンド編集ソフトの機能

この章では、音質の悪い音声を起こします。音質の悪い音声の加工方法も取り上げます。まずは、音声を聞いてみてください。これが何の音なのか、推測してみてください。

やってみよう！

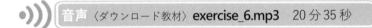

音声 〈ダウンロード教材〉exercise_6.mp3　20分35秒

ここにすぐ答えを書くとつい読んでしまうと思いますので、しばらくの間、別の話題を書きます。取りあえずは音声を聞いてみてください。

◆効率アップには「ちょっと戻り」とフットスイッチ

私はカセットテープの時代に文字起こしをスタートしました。当時は、トランスクライバーと呼ばれる文字起こし専用の再生機が使われていました。ソニー製品は本体が6万5000円＋税、別売のフットスイッチが6000円＋税でした。ですから私は、今スタートする方にも7万1000円＋税の範囲までは買い物をおすすめしてもいいのではと考えています。

トランスクライバーはカセットデッキですが、「ちょっと戻り」を設定できることと、フットスイッチを接続できることが特徴でした。この2条件の重要性は現在も変わっていません。

タイピングは手で行い、音声の再生・停止他は足で行う。「ちょっと戻り」機能で、止めた箇所の2、3秒手前から聞くことになる。これに慣れると、**音声を聞いているところとタイピングしているところがわずかに異なる**という、効率的な作業ができるようになります。手、足、目、耳をうまく協業させると、**話者のトークを追いかけて飛ぶように作業できます**（音質が良く、話者が話のうま

い人なら、という条件付きですが！）。

「ちょっと戻り」があって簡単にフットスイッチを接続できる再生ソフトとしては、動画ファイルにも対応しているExpress Scribe プロ版がおすすめです。本書執筆時点の実売価格は1万円弱。

フットスイッチは、オリンパスのRS27Hがよく使われます。現在の実売価格は同じく1万円弱。耐久力と踏んだときの反応の良さに定評があります。

フットスイッチをパソコンにUSBで接続して、Express Scribeを起動すると、設定画面が開き、特に何も変更せずにOKを押して進めばフットスイッチが認識され使えるようになります。踏んでいる間は再生、足を離すと停止になります。

◆聞き取りにはアンプ内蔵スピーカー

作業効率とは別の問題として、原稿の精度アップには、よく聞き取れるパソコン環境が必要。これには、パソコンに外付けするアンプ内蔵スピーカーが有効です。ちょうど本書執筆時点で面白いエピソードがありました。

2020年は新型コロナウイルスの感染拡大を受けて、春に緊急事態宣言が出され、私の勤務先も在宅勤務態勢になりました。社内スタッフの一人が、フットスイッチRS27Hは自宅に持っていったものの、社内で使っていた外付けスピーカーを持っていかなかったのです。

緊急事態宣言が解除されて社内勤務に戻ったとき、**外付けスピーカーにイヤホンを挿して聞くと細かいところまで聞こえる！** と発見していました。夏に再度在宅勤務態勢になった時、今度はスピーカーも自宅へ運んでいきました。

◆パソコンから直接では細かいところが聞き取れない

写真の解像度に当たる数値は、音声では**ビットレート**といい、単位はkbpsです。数字が大きいほどきめ細かいのは写真と同様です。昔のICレコーダーは32や64でしたが、近年は128、196などです。

さて、128kbpsのきめ細かさがあっても……えーと、私のイメージですが、ノートパソコンのスピーカーから直接音を出すと、128の半分ほどしか再現できていない感じ、ノートパソコンにヘッドホンやイヤホンを挿して聞くと、

100ぐらいの再現度にアップする感じ。性能のいいスピーカーをパソコンに接続すると、128全部が聞こえる感じです。

録音状態が悪い音声や複数の声がかぶる音声では、100程度の再現度と128全部聞こえるのはかなり仕上がりが異なります。

必要な外付けスピーカーは、**アンプ内蔵スピーカー（アクティブスピーカー）**というタイプです。アンプは増幅器という意味ですから、元の音声で音量が小さくても、音量をぐっと大きくして聞くことができます。

◯W＋◯Wという数字がパワーを表します（「◯W」だけ記載されている場合は、足した数字です）。10W＋10Wの機種が、Amazonで1万円台。なかなか優秀です。私が使っている機種はさらにパワーがあって15W＋15W、大きな音にしなくても細かいところまで聞こえます。

守秘義務の観点からは、顧客から預かった音声をスピーカーで流すわけにはいきませんが。スピーカーにヘッドホン・イヤホンを挿すと、パソコンに直接ヘッドホン・イヤホンを挿すよりもよく聞き取れます。

◆音の小さい音声を加工する

「性能のいいヘッドホン・イヤホンを選べば、パソコンに直接挿してもよく聞き取れるのでは？」

そうだろうと思います。元の音声で音量が適切ならですが。

元の音声で極端に音量が小さい場合、ヘッドホン・イヤホンにはアンプ機能がありませんから、別途**サウンド編集ソフト（Audacityなど）**で音量アップして保存し直す必要があります。そして、音が小さい音声はときどきあるのです。ICレコーダーは録音時に音量レベルが自動調整されるのが一般的なはずなのに、なぜこんな音になるのかは分かりません。

私はスピーカーにそこそこお金をかけて、ヘッドホン・イヤホンにはさほどこだわらないタイプです。そのため、ヘッドホン・イヤホンのおすすめ機種は特にありません。iPhoneに付属するイヤホンがわりと聞きやすいという話はよく耳にします（スマホがAndroidなのでiPhoneも使用経験なくて……）。

音声ファイルをサウンド編集ソフトで開くと、次ページのように波形を見ることができます。右は声が小さく、そのままでは聞き取り困難でした。

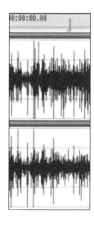

（左）振れ幅が良く、聞き取りやすい音声の波形。
（右）ほとんど振れていない波形。
いずれも、波形が上下2個あるのはステレオ録音されている右と左の音。

右のような音量の小さい音声は、Audacityの場合「ノーマライズ」で調整するか（全体のレベルが適切になる）、「増幅」で音量をアップする。
ノイズも一緒に増幅されてしまうので、その後に「ノイズの低減」「ハイパスフィルター」などでさらに調整する。調整がうまくいくかどうかは、音声によって異なる。

　登録スタッフから「音が小さくて聞き取れない」というSOSがあった場合は、サウンド編集ソフトで音量を調整して送っていますが。本当はオコシスト一人一人が**多少のサウンド加工を行える**（もしくはアンプ内蔵スピーカーを使う）ことが望ましいとは思っています。

◆音声の特殊処理、サウンド編集ソフトの機能

　さて、exercise_6.mp3を聞いてみましたか。ザーッという音が入っています。単調で変化がなく、ずっと続きます。何の音か分かったでしょうか。

　「空調？」

　惜しい。**プロジェクターのファンが回る音**です。パソコン画面をプロジェクターで投影して、それを見ながら話しており、ICレコーダーをプロジェクターの近くに置いています。レコーダーは近い音を大きく拾うため、プロジェクターのそばに置くとファンの回る音が録音されてしまうのです。

　空調やプロジェクターの音は、Express Scribeだと「**ハイパスフィルタ**」で**低減できる**ことがあります（「ファイル」→「音声の特殊処理」→「ハイパスフィルタ」）。ハイパスフィルタは**ローカットフィルタ**とも呼ばれ、その名のとおり、**低い音域をカットして高い音域を通す機能**です。空調やプロジェクターのブーンという音をある程度は低減できます。

　Express Scribeの「音声の特殊処理」その他のメニューも見ておきましょう。「**バックグラウンドのノイズ削減**」はレコーダーの近くの声をぐっと強調し

ます。「**音量アップ**」は字のとおりですが、私は外付けスピーカーの音量を上げてしまうのでこの機能は普段使いません。

　サウンド編集ソフト（Audacityなど）には、もっと多彩な音声加工機能やノイズ除去機能があります。興味がある方はぜひトライしてみてください。

※Okoshiyasu2の場合、イコライザー機能でノイズを多少緩和できることがあります。
※ノイズ除去機能をかけると、声の成分も一部がカットされて聞き取りにくくなることがあります。ノイズ除去の成果が上がらない場合は、諦めて加工しない元の音で聞きます。

◆モニターとキーボード

　文字起こしでは、Word、再生ソフト、ブラウザー、資料のPDFやパワーポイントなどを開いて作業するので、画面は広いほうが便利です。デュアルモニター（画面2個）を使ってみたいものですが、私のデスク上はスピーカーが場所を取っているので無理かもしれません。

　ノートパソコンを使う場合、**キーボードは外付けがおすすめ**です。夏は本体が熱を持って、手が熱くなってしまうためです。

　キーボードは、東プレのREALFORCEがオコシストには人気です。高価ですが、打ちやすく疲れにくく、耐久性もあります。私の会社用は現在12年目、自宅用は在宅ワーカーの時代に買ったのでもっと古いですが、どちらも問題なく健在です。マウスはこれといっておすすめ機種がありません。

　さて、ではexercise_6を起こしてみましょう。ハイパスフィルタがうまくかかるかどうか試してみてください。

　ただ、雑音に耳が慣れてくると、この会話が聞き取りにくい理由は他にもあることが分かってきます。トークが断片的なのです。話者たちが考え込んでいるためです。

　exercise_6を起こす際の目標を設定しましょう。

exercise_6 を起こす際の目標
　①トークをできるだけ聞き取る
　②断片的なトークから、話者たちの考えの流れをできるだけ推測する

【起こし方の仕様】

音声の内容：ディスカッション。

資料：なし。

話者名の立て方：「Ａ：」「Ｂ：」

本文の入力方法：

・左端から入力。1人の発言が長い場合は適宜段落替えし、新段落の冒頭に
　全角空白1個を入力。

・話者が替わるとき1行空けする。

表記：共同通信社『記者ハンドブック』に概ね準拠。

不明処理など：

　・聴取不能部分→文字数にかかわらず●（黒丸記号）1個を入力。

　・確定できない部分→文字列の両端に〓（下駄記号）を入力。

　※いずれも該当箇所の後ろにかっこでタイムを（00:00:00）の形で記載。

　※1段落に複数の不明箇所がある場合、タイム付記は1カ所でよい。

修正処理など：

　・ケバを取る。少し聞いた感じでは雑談的なので、あまり整えられないか
　　も。その場合はトークの口調を生かす。

　・相づちや軽いリアクションのみの発言→起こさず次の発言につなげる。

　会議・ディスカッションは、本当は「ケバを取り軽く整える」起こし方が
適しているのですが、クライアントから届いた音声を少し聞いて「無理に整
えるとたぶん不自然になる」と思った場合は、私は上記「修正処理など」の
1つ目の項目のような書き方で登録スタッフに伝えています。

やってみよう！

 音声 〈ダウンロード教材〉**exercise_6.mp3** 　20分35秒

起こし例は次ページから

A：＝ユキ＝　(00:00:00)　[1]さん、今、時間ありますか。

B：はい、大丈夫ですよ。

A：さっき決まった別の企画なんですけど、またインタビューと執筆を頼みたいです。一つが自動車部品メーカーの話題。さっき私の担当になるって決まったばかりで、まだ詳細を詰めてないんですけど。要は[2]株式投資と同じと考えて今後取り組みたいんですけど。要は、名前を知っている会社の株に投資したいのと同じで、就活生[3]も名前を知っている会社に就職したいっていうのはあると思うんですよね。カーメーカーは株式投資も就活も同じで、選ばれるんだけど、自動車部品メーカーは選ばれにくいんじゃないかなと思っていて。

B：自動車部品……。

A：知名度がないからきっと必死で、苦労しているんでしょうね。どうだろう、積極的にCMを打ったりしているタイヤメーカーぐらいが例外ですかね。

B：そうですね。だって私、自分の話ですけど「どこの車?」ってメーカーの名前を聞かれたら何となく答えられる感じですけど、それは自動車メーカーの名前で。自動車部品ですよね。このタイヤがとか、このハンドルがどこのメーカーとか言われても、ちょっと分からない感じなんですけど。

A：それでも、タイヤやハンドルは外から＝見える＝　(00:01:48)、私でも。自動車部品は1台の車に3万個ぐらい使われているらしいんですよね。そのうち1万個ぐらいはエンジンに使われているらしいんだけど、EV……電気自動車が普及すれば部品の数は大幅に減るかもしれないし。ここまではネットでちょっと調べたぐらいでも、このぐらいは出てくるんだけれど。そこから

1　仕様書にも音声にも漢字は出てこないので、このように処理する。

2　すぐ後にまた「要は」が出てくるので、こちらは削除してもよい。

3　聞き取りにくいが、この後、何度か同じ言葉が出てくる。

記事にしていくには、もう一歩踏み込まないと、と思って。ちょっとご相談してもいいですか。

B：そうですよね、就活生に対して……。全然、私も自動車部品メーカーは書いたことがないから、調べながらなんですけど。例えば部品っていうのは、今ちょっとタイヤとかハンドル、エンジンの話とかになったんですけど、エンジンで1個の部品っていうのじゃなくて、例えば細かいところで言うとエンジンに使われているねじとかボルト、ナットとか、それぞれ細かいのであるわけじゃないですか。エンジンを構成している物があって。ねじとかいうのも1個にカウントするのかとか。ねじで1カウント、ワッシャーで1カウント。

A：ワッシャー……。

B：ワッシャーは、ワッシャーの話じゃないか、ワッシャー付きのボルトとか、それも<u>1つ</u>[4]なの？　そう考え始めると、自動車部品っていうのがどこまでを指すのか。私、素人だとどこで1つ、1個ってカウントするの？って思っちゃうんですけど、分かります？

A：何が1個っていうところは教わったほうが良さそうですね。私たちがまずこうやって<u>ブレーンストーミング</u>[5]して、何を知りたいかをざっとまとめて、その後で監修者に話を聞くという順序を考えています。

B：そこからですよね。どこを攻めるというのが漠然とし過ぎてしまっているので、ちょっと……。

A：先に取材しちゃうとプロの<u>視点</u>[6]が入り過ぎてたぶん面白くないと思うし。

---

[4]　『記者ハンドブック』では一つ〜九つは漢数字とされており、この起こし例でも一つを使った箇所がある。ここでは、「1個」とのバランスでアラビア数字を使った。「一つ」でもよい。以下同様。

[5]　ブレインストーミングと発話されているが、『記者ハンドブック』では「ブレーン」という表記を使う。

[6]　「視線」とも聞こえるので視線でもよい。＝を使ってもよい。

監修者に取材先を紹介してもらって、私がアポを取って、＝ユキ＝[7]さんに取材に行って記事を書いてもらうという流れで考えています。

B：承知しました。

A：そもそも＝ユキ＝さんは、運転は？

B：免許？　ありますよ。一応かな、ゴールド免許を持っています。

A：そうなんですね。ペーパ　寄り[8]の？

B：今はもうペーパー寄り。学生時代は……、いつ取ったんだ、免許自体は高校卒業してすぐ取りに行ったのか。だから免許所持歴、持っている年数は結構たっていて。学校、大学に行くのに、車で行けた所だったので。

A：あ、車で通学してたんですか。

B：車通学 OK の。

A：がんがん運転しているじゃないですか。

B：まあそうですね。4 年間、がんがん運転していて。その後、就職でそんなに車も、営業回りとかいう仕事じゃなかったので、それからはあんまり乗らなくなっちゃって、今に至っています。最近は全然乗ってないからもう本当に年数だけが増えていって、今もゴールドという感じではあるんですけど。今は車も持ってないし、全然運転する機会がない。

A：でも、●（00:06:05）にしたら●[9]。

B：＝ウスイ＝（00:06:06）さんは？

7　漢字の分からない名前は、最初の1回だけ不明処理、2回目からは＝なしで片仮名という仕様が多い。ここでは、仕様書にそのことが明記されていないため、出てくるたびに＝を付けている。

8　「ほぼペーパー免許（ほとんど運転しない）」なのかという意味の質問。

9　タイムは1段落に1個という仕様に従い、ここはタイムを記載しなかった。

A：私は一応、車は家にあるんですけど、もう完全に夫の遊びとして。

B：日頃は乗ってない感じですか。

A：日頃、週末に買い物、子供を連れてってことはあるんですけど、完全に私は助手席専門で。一応運転免許は持ってるんですけど、基本的には触らせてもらえないですね（笑）。

B：旦那さんが部品っていうか自動車に詳しいってことでも……。趣味が自動車いじることとか、そういうわけでもなくて？

A：男の人って早くから免許取っている人は車って遊び感覚というか、いじるって言葉を使いますね。

B：そうか。でもそこまではない感じなんですか。

A：うちの夫ですか。

B：うん。詳しかったり。

A：もともとマニュアルのほうが好きで、マニュアルで運転していたから、最近の自動車はちょっとデジタル化が進み過ぎて面白くないとか言っていますね。

B：そこから自動車部品に。自動車部品というのはまた違うのか。工業っぽい感じになってしまうか。

A：そうなんですよね。自動車メーカーではなくて、自動車部品メーカーについて、何か知っていることはありますか。

B：自動車部品メーカーは……。そうですね、製造っていうのかな、Tier 1、Tier 2[10]とかいう言い方は聞いたことが何となくありますけど。

A：ああ、サプライチェーン。

---

[10] ここでは自動車メーカーから見て「1次下請け企業、2次下請け企業」というような意味。片仮名でティアとしてもよい。

B：以前、地震とか台風で生産が止まっちゃったとかいう話は知っていて。それが、生産が止まったというのは部品が入ってこなかったからとかいう話だったんですけど。Tier 1、Tier 2 で、系列の 1 つだけの部品メーカーに発注していたのが悪かった、まずかったということで、その後、生産が止まってしまったというのを経て、どの部品も 2 社以上に発注するようになったというのを、見たり聞いたりはしたんですけど。

　やっぱりそれで分かったのが、それで 2 社以上に発注はしたんだけれども、その次の災害の時に分かったのが、複数の Tier 1 が同じ Tier 2 に結局発注をしていたので、やっぱり生産が止まっちゃったという。分けて発注したけど生産が止まっちゃったみたいなことを、ちょっとうろ覚えで申し訳ないんですけど。

A：でも、私もそのニュースは何か記憶があって。それで Tier 1、Tier 2。Tier 3 とかまであるのかな、部品メーカー●（00：09：18）でいくと。私もなんか言い方は知っていますね。川上とか川下とか言いますよね。

B：話だけは。

A：どっちかが＝素材＝（00：09：32）に近くてどっちかが完成品に近いのか、そういう段階の言い方だと思うんですけど。あと、今言った系列って言葉なんかも日本独特ってことで、英語の辞書にも載っているらしいですよ。複数メーカーに発注しているっていうことは、今は系列は解消されているのかな。その辺は要確認ですね。

B：全然分からない。

A：複数の Tier 1 が同じ Tier 2 の部品を使っているということは、Tier2 は部品？　っていうか、Tier1 が納めている物も部品なんでしょうか。

B：分からないです。

A：どこまでを部品っていうのか、私の中でイメージが湧かなくて。

B：小さい工場というか、町工場っていうんですかね。一家で経営して＝い

る町工場っていうのか＝（00:10:34）……。

A：そういう何かちょっと強みを持った、その会社でしか作れないような。

B：おうちの1階が工場で、そんな規模の。あ、でもそんな規模の……。

A：大田区の町工場みたいな？

B：家族で結局経営しちゃって、新卒を採らない¹¹かな。

A：でも、そういう町工場さんがフェラーリの部品を作っているとか聞いたことがあって。たぶんそこの工場じゃないと世界のフェラーリの部品が作れないから、日本の技術ってその辺はすごいんでしょう？

B：そうですね、調べてみたらそういうのも出てくるのかもしれない。それはそれで話題にできそうですね。

A：とはいえ規模感、小さい規模だったら新卒を採らないかな。

B：どこをピックアップするかっていうか。

A：ついさっき調べてみたんですけど。規模感が想像できなくて。まずは投資情報というか株式投資のサイトを調べてみたんですけど。Yahoo!ファイナンスと日経新聞のデータベース。今これが日経で。自動車部品でもこれだけ、上場している会社が、＝どのぐらいあるのか＝（00:12:22）。

B：見たことある名前もあるけど、ほとんど分からないですね。すみません、分からなかったです。

A：いえいえ。町工場でも、なんかちらほらと……。

B：ばねの●（00:12:37）。会社名の下に、扱っている部品とかが書かれてい

る。「タイヤ世界大手」[12]。

A：「トヨタ系」っていうのがさっきの系列のことかな。

B：何とか系っていうのがありますね。

A：結構上場している会社が。ざーっと……● (00：13：18)。

B：用語が既に分からないですが。

A：知っている会社名とか。上のほうからいくと結構● (00：13：35)。

B：ブリヂストン[13]なんかは＝よく＝ (00：13：40) 見たことがありますけど。東プレも聞いたことあるな。カーペット？　住宅、何これ。あ、そうか、シートとか。織物？　何て読むんだろう[14]。カーペット大手とか書いている。

A：繊維？

B：繊維も。● (00：14：14) もそうですね。シート。

A：繊維もそうだけど、カーペットとか内装も部品に入るんですね。

B：あれも部品と呼ぶ……。

A：部品っていう言い方なんですね。さっき「総合繊維」？　どこだったかな。

12　少し前の「日経新聞のデータベース」という発言から、該当しそうなウェブサイトを探すとよい。「日経会社情報 DIGITAL」というサイトで「自動車部品」を検索し、表示された「銘柄一覧」というページを見ている。同じページを見つけることができれば話者たちが読み上げている文言が確認できる。もちろんウェブサイトやその中の個々のページ、説明の文言などは変わることがあるため、同じ情報が見つかるとは限らない。その場合は可能な範囲で特定し、分からない情報は不明処理する。以下同様。

13　「ヂ」であることに注意（会社名は 2020 年夏時点。以下同じ）。

14　住江織物（すみのえおりもの）という会社名を見ている。

B：ありました？

A：セーレンっていうところだったかな。「ITを活用した<u>染色</u>[15]技術に強み」とか。シートとか。車のシート。シートベルトの繊維？　染色技術ってあるけど、染色。色を染めるそういう……。

B：車の塗装じゃなくて、染色ですかね。

A：<u>塗装とかも部品の一つなんですか。</u>[16]

B：塗装となると……、いや、何でしたっけ。

A：塗料？　塗料は部品なの？　知っている会社名は結構上のほうはあるんで、知名度がなくていい学生が採れないということも意外とないのかなと思うんですけど。これは上から時価総額順ですから、下のほうへいくとやっぱり、語弊があるんですけど聞いたこともないような、知らない会社がたくさんあると思うんですよね。

B：何だろう、塗装の何だっけ、カーボン？　カーボンじゃなくて……。何だっけ。カーボン。何か知っている単語だけでしゃべっていて。何だっけ、ごめんなさい。

A：「ばね最大手」。「シートが主力」。ばねとシートにどんな関係があるんですか。

B：どこですか。

A：このニッパツさんとか。「ばね最大手」ってあって。ばねとシートが主力。

B：本当だ。ばねとシートが主力。

15　「せんしょく」は「染織」「染色」2つの言葉があるので注意。この会社名を見つけられなくても、「色を染める」という発言がすぐ後にあるので「染色」と確定できる。

16　投資情報では便宜的に自動車部品に分類してあるだけかもしれないが（自動車関連銘柄というような意味で）、文字起こしでは発言どおりでよい。

A：ばねとシートにどんな関係があるんだろうって。サスペンション？

B：サスペンションってこと？　一緒に作っているのかな？　シートって、シートで使われているような布とかそういうのじゃなくて、椅子という。

A：椅子の、その下。

B：知らないものだな。何だろう。

A：ベアリング大手。● (00：17：08)。

B：全然分からない。塗料って、塗料じゃないか。さっきちょっと話題になりましたけど、本当にそこまでいくと塗料も1部品なの？とか、そういうことになっちゃって。

A：そうですよね。内装も部品に入るんですね。

B：さかのぼると、塗料を吹き付けるための道具は何になるのかとか。そこまではないか。そこまではさかのぼらないか。

A：そこまではね。でもここに……。

B：あります？

A：塗料。日本特殊塗料さん。塗料も部品なんだ。

B：そうなるんだ。結構というか、自分が思っていたよりも幅が広い。

A：この曙ブレーキって知り合いがいたような、ですけどね。ブレーキも、そうか、ブレーキも部品？

B：でも、そうですよね。

A：車によっては特注のブレーキっていえばいいのかな、レーサー用の走りを重視した物とか、そういう物をやっぱり需要があって作っているという話を、前に聞いたことがありますね。

B：そうですね、そういうエピソードにつなげられるようなものがあると、執筆の話になりますけどちょっと書きやすいというか、切り口があるかなという感じなんですけど。塗料とか何か……。

A：ここ、「カーケア用品大手」とか「洗車用品」って、こういうのは部品ですか。オートバックス的な？　部品を売っている会社なのかな、オートバックス的な感じの？

B：カーケアもなくてはならない、持続させるために。車のそういうメンテナンスというのかな、切り離せない話題ではあるけど。これ、どう書きますかね。新卒の人をどう……。

A：軸受って何だろう。

B：新卒の人も、もともと自動車関係の工業高校とか工業系を卒業している人だったら、まあピンとくるかなという感じですけど。もし全然知らなくて、分野が違う学校卒の人にアプローチするとしたら、どうやってどこから攻めたらいいんだろうという、ちょっとターゲットがぶれちゃうかも。自分がたぶん今、全然部品について分からないから、余計にそう思うのかもしれないですけど。

文字起こしに一つの完全な正解というものはありません。人によって微妙に異なるのが普通です。
・段落替えや句読点の位置は起こし例と異なってもよい。
・表記は起こし例と多少異なってもよい。
・聞き取れる箇所や聞き取れる言葉は起こし例と異なってよい。

◆独り言は聞き取りにくい

　お疲れさまでした。この音声は聞き取りにくい箇所が多いですね。私も聞くたびにちょっとずつ聞こえ方が異なり、前回聞き取って文字化した部分が次は聞き取れなくて、起こし例を●にするかどうか迷ったり……という状態でした。ですから、聞き取りが起こし例と多少異なっても大丈夫です。

　聞き取りにくい理由は、①プロジェクターの動作音が大きいため、②話者2名の声がときどきかぶるため、③トーク内容が独り言的であるため——の3つです。①②は分かるとして、③はなぜ聞き取りの障害になるのでしょうか。それは、独り言は相手の話を受けておらず、文脈を読み取りにくいためです。

　「今、時間ありますか」というAさんの冒頭の発言から、予定にないディスカッションだったことがうかがえます。別件の打ち合わせに来社したBさんを、Aさんが急きょつかまえたという状況かもしれません。そのAさんも、自動車部品メーカーを取材する件はさっき決まったばかりと語っていて、まだ知識もほとんどないようです。

◆不明箇所は割り切りも必要

　第2章の研修特命チームは、フリーディスカッションとはいえ会議の体裁はそれなりに整っていました。この章の音声のディスカッションというかブレーンストーミングというか……も会議ですが、両者が準備も知識もなく話し合っていて、発言は断片的です。考え込んでいるために、会話のかみ合っていない箇所がしばしばあります。

　しかし、このネタ出し作業から記事作成は始まります。この後、両者がさらに下調べをして、監修者に話を聞き、取材先を紹介してもらって取材に行き、監修者に最終的なチェックをしてもらうと、ちゃんと面白い記事に仕上がるわけです。

　こういう案件である程度の不明箇所が出るのは仕方ないと割り切りましょう。この音声は2名ですからまだ楽です。話者が十数名いるネタ出しのディスカッションで、各自が考え込みながら独り言的につぶやいている——というのを起こしたことがありますが、本当に何がなんだかでした！

さて、チェックリストを提示したいのですが、難しいですね……。発売直後に本書を購入された方は、話者たちが見ている投資情報のサイトを見つければ、音声に出てくる会社名は容易に見つかるかもしれません。時がたつと、投資情報サイトの構成が変わったり、音声に登場した会社が自動車部品から撤退したり社名変更が行われたりして、会社名を見つけにくくなりそうです。

　発言が断片的で「ここは絶対に聞き取るべき」という箇所を提示しにくいですし、そもそも起こし例が合っているかどうかも確信はありません。

　・第1章の「**待ち伏せ法**」を使った。

　・第1章の「**ネット検索＋待ち伏せ法**」を使った。

　……というチェック項目も考えてみたのですが、文脈を読みにくい場合は待ち伏せもしにくいかもしれません。

◆チェックリスト

　最初の2つは今回の目標の達成度。3つ目以降は、最後の音声ですので、逆に基本に立ち返ってチェックする項目にしました。

☐トークをできるだけ聞き取る努力をした

☐断片的なトークから、話者たちの考えの流れをできるだけ推測した

☐新卒の就職活動者に向けて自動車部品メーカーの紹介記事を作成するという、話者たちの意図を理解できた

☐ノイズ低減の何らかの加工を試した

☐話者AとBを取り違えずに特定できた

☐明らかな誤字をせずに入力できた

☐聴取不能●は15カ所以内程度だった

☐一通り起こした後、聞き直し校正と読み直し校正を行った

☐整え過ぎたぎこちない原稿にならず、ほどよくケバ取り整文できた

☐あせらず十分な時間をかけて取り組んだ

　自己採点：計10個のうち ☐ 個当てはまった

　文字起こしのexerciseはこれで全部です。次ページは特別付録というか、画像をキャプチャーしながら起こす案件の作業方法を解説します！

◆画像キャプチャー

最近増えているのが、

講演や講義の**動画**を、画面に映っている資料のページが変わるごとに

・文字起こしを新しいセルに入力し、

・資料のページをキャプチャーして貼り込み、

・資料のページが変わるタイミングのタイムを記載する

というものです。

　発言内容の書き起こしデータに、タイムと画面のデータが付記されることによって、動画の編集作業を行う際に便利なのだろうと思います。

第5章の講義動画を画像キャプチャーした例

 タイムコード：00:03:15	□これは、謎の名前にはなっているけれども、この11行目と20行目の顧客名が実は同じお客さんなんです。別々にカウントされている。この(株)のマークになっているのと株式会社何々になっているものなので、別のお客さんだというように Excel 上でカウントされているわけです。本当はここが120万とこっちが13万、これを足した金額だから、この10行目の会社よりも上に来るはずですよね。こういうことをしているのは、データとして全くなっていないです。 □よく見ると、法人格の名前、何々株式会社とか国立研究開発法人とか一般財団法人とか、こういうものを法人格名と言いますけれども、そこの後ろにすぐ会社名を持ってきているものと、全角空白、半角空白が入っているものがあります。それから、株式会社も「株式会社」と書いてあるものと、この(株)の組み文字というか1文字でこれになっているのとか。これは半角かっこと株を組み合わせた字ですね。こういうものもふぞろいになっています。 □うちの会社の経理システムでは、そもそもお得意先の名前は入力しないことになっているはずなんですよ。そこのところは皆さん統一できていますか。見たところ統一できてないんだろうと思うけど。リストから選ぶということになっているはずなので、新しいお客さんができたときはリストに追加する。それぞれ毎月の記録は必ずリストから選ぶ。これは徹底してください。今、このばらばら加減を今日中に、これの最終担当者は調整してくださいね。
 タイムコード：00:05:31	□というわけで、顧客名がばらばらなのとここら辺を直さなければいけないけれども、取りあえずここまで作った段階で、よくあるグラフ化。皆さんので見た感じですけれども、こんな感じです。バージョンによると思うけど、Excel の初期状態で「じゃあ円グラフで」と指定すると、こういうグラフができます。 □どこを強調したいのか、よく分からないですよね。まず、配色が良くない。ここら辺の細いところが強調したいところなのかと思うと、比率的にはごく小さいし。ここのグレーのところは上から3番目の、比率の大きいお客さんのようだけれども、グレーになっているせいでちょっと弱く見えてしまっている。何よりいけないのは下に凡例を表示していて、しかもそれが何％なのか、何万円なのかということはどこにも読み取れない。この、下に凡例というのは、本当にどれがどこに当たるのかが見づらいので、できるだけ避けたいグラフの作り方です。

作成手順

①Wordに「2列×10行（程度）」の表を作り、列幅を調整する。

②左列にタイム、右列に文字起こしを入力する。

③資料が別のページになったら次の行へ移動（表の行数は適宜調節）。

④聞き直し校正を行って文字起こし部分を仕上げる。

⑤Express Scribeで、動画の画面表示をできるだけ小さくする。

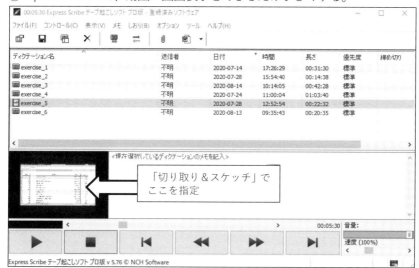

Express Scribeの画面。

　　文字起こしをする際は、画面の文字を確認する必要があるので下画面をできるだけ大きく
表示するが、画像をキャプチャーするときはこのぐらい小さくするとよい。
　　（第5章の講義動画は、ウェブ会議システムで自動録画する際に映った部分を削除したため、
周囲に不要な黒い枠ができてしまっている……）

⑥Express Scribeの動画画面をキャプチャーする。

　　Windows 10の場合、「切り取り＆スケッチ」というソフトウエアを使う（その他のソフト
ウエアでもよい）。「切り取り＆スケッチ」を起動して「新規」をクリック→Express Scribe
画面の、Excel画面の部分を四角く指定する。

⑦キャプチャーした画像を、「切り取り＆スケッチ」で名前を付けて保存。

⑧画像をWordに貼り付ける。

　　Word上で貼り付ける位置をクリックし、「貼り付け」する。
　　画像が大き過ぎると、貼り付けたWordファイルの動作が重くなりがち。手順⑤で画面を小
さくすることによって、1枚1枚の画像を小さくするのがコツ。

※納品物は、キャプチャー画像一式（ひとまとめに圧縮）とWordファイル

　　キャプチャーした画像が数十枚に及ぶと、全体としてはファイルサイズが大きくなり、メ
ール添付できないことがある。その場合は、「データ便」などのファイル受け渡しサービス
を使って納品する。

第5章の exercise_5.mp4 を題材に、実際に作ってみると手順が理解できます。ただ、Excel の実
演なので画面を大きくしたりグラフを追加したりして、どのタイミングでキャプチャーするのが
適切かは分かりにくいと思います。体験することに意義があると割り切って、自由に作成してみ
てください。

●●●あとがき●●●

　お疲れさまでした。でも、あとがきから読み始める人がいそうなので（実は私自身もその傾向）、音声の内容などについて書くのは良くないかもしれませんね。本書は問題集ですので、解説ページを読むだけでなく必ず実際に文字起こしを行ってください。

　子供は、なぞなぞを出されたとき「ヒントは？」と要求することがあります。同様に、聞き取れない箇所も何かヒントがあれば分かる場合がありますが、他人に聞くことはできません。自分でヒントを見つける方法が、入りそうな言葉を推測しながら（待ち伏せて）聞く「待ち伏せ法」「ネット検索＋待ち伏せ法」です。正しい言葉に行き着かなければ、次のヒントを試します。

　言葉や生活を楽しむというのは、たぶん、こうやって文字起こしのプロセスを楽しむことも含まれています！

廿^{にじゅう} 里美

独学で身につく
文字起こしスキルアップ問題集
2020年10月2日　初版第1刷発行

著　者　　廿　里美
発行人　　長谷川志保
発行所　　株式会社エフスタイル
　　　　　〒102-0073　東京都千代田区九段北1-14-16 PILE KUDAN 5階
　　　　　TEL 03-3478-0365　URL https://www.fstyle-ltd.jp/
印　刷　　日経印刷株式会社

ISBN 978-4-9904934-8-6　　　Printed in Japan